公共施設等 更新費用試算ソフトの活用実践マニュアル

公共施設マネジメント・公共施設等総合管理計画の策定のために

株式会社ファインコラボレート研究所 [編著]

学陽書房

はじめに

　私達が住んでいるまちの中には、学校、庁舎、図書館、公民館などの公共施設と、道路、橋りょう、上・下水道などのインフラがあります。これまで我が国は人口増加にともない、新たな公共施設・インフラ資産が次々と整備されてまいりました。

　これらの公共施設・インフラ資産が建設後30年から50年を経過し、大量に更新時期を迎え、多額の更新費用が必要になる見込が予想されます。さらに今後人口減少が顕著となってきており、社会資本ストックの更新ができなくなるおそれがあるとの指摘がされています。

　そのような状況にある中で、公共施設及びインフラ資産の更新に係る費用を簡便に推計する方法について検討する「地方公共団体の財政分析等に関する調査研究会」が平成22年に開かれ、厳しい財政状況の中にあって、予防的な修繕等によりコスト縮減を図りつつ計画的・効率的な社会資本の維持管理・更新を推進していくことが不可欠で、今後の公共施設及びインフラ資産に係る更新費用がどの程度になるか簡便に推計する方法について検討を行い、各地方公共団体が少ない情報で簡単に総量の把握と更新費用が算出でき、さらに住民のみなさんにもわかりやすくグラフ等で示すことができるものを検討・開発いたしました。

　当初はエクセル版で作成したものをウィンドウズ版に改訂するなどしてきていますが、平成26年より「公共施設等総合管理計画」等の検討が求められるようになり、ますます公共施設・インフラ資産の実態把握、更新費用の試算、そして各種シミュレーション検討が求められる状況にあります。
　今回の更新費用試算ソフトの活用実践マニュアルは、マクロに公共施設・インフラ資産を把握するための具体的な方法をまとめ、日常管理においても活用できるよう具体的に解説しています。
　各地方自治体の企画・財政部門が活用する方法・施設部門の活用方法・インフラ部門の活用方法・学校等教育委員会が活用する方法等に区分して解説しています。
　本書が各地方団体の公共施設のマネジメントに役立てば幸いです。

　　平成26年11月

株式会社ファインコラボレート研究所
代表取締役　望月　伸一

目　　次

はじめに …………………………………………………………………………………… 3

第Ⅰ章　公共施設等の現状と課題 ……………………………………………… 9

1　現状と課題 ………………………………………………………………… 11
（1）公共施設等の現状と課題 ………………………………………………… 11
（2）インフラ資産の現状と課題 ……………………………………………… 16

2　関連施策等の動向 ………………………………………………………… 18
（1）公共施設等総合管理計画 ………………………………………………… 18
（2）関連の調査研究 …………………………………………………………… 20

3　公共施設等総合管理計画の立案 ………………………………………… 22
（1）マクロ把握：総合管理計画［初動版］の作成 ………………………… 22
（2）詳細把握：総合管理計画［改訂版］の策定 …………………………… 23

第Ⅱ章　更新費用試算ソフトの概要 …………………………………………… 25

1　開発経緯 …………………………………………………………………… 26
（1）ソフト開発の目的 ………………………………………………………… 26
（2）エクセル試算ソフトの開発 ……………………………………………… 26
（3）アンケート調査の実施 …………………………………………………… 27
（4）アプリケーションソフトの開発 ………………………………………… 28

2　試算条件 …………………………………………………………………… 30
（1）公共施設（建築物）の試算条件 ………………………………………… 30
（2）インフラ資産の試算条件 ………………………………………………… 31

3　ソフトの操作 ……………………………………………………………… 33
（1）画面構成 …………………………………………………………………… 34
（2）実際の操作の前に　～　データ管理の考え方 ………………………… 41
（3）管理種別の作成 …………………………………………………………… 43
（4）新規データの作成 ………………………………………………………… 44
　1）財政・人口データの入力 ………………………………………………… 44
　2）公共施設　施設一覧の入力 ……………………………………………… 46
　3）更新費用の試算と比較する投資的経費の入力 ………………………… 50
　4）道路データの入力 ………………………………………………………… 51
　5）橋りょうデータの入力 …………………………………………………… 53
　6）上水道データの入力 ……………………………………………………… 54
　7）下水道データの入力 ……………………………………………………… 54
（5）新年度データ更新 ………………………………………………………… 56
（6）他のPCとのデータ交換 ………………………………………………… 58

4　入出力とグラフの読み方 …………………………………………………… 61
　（1）入力と出力 ………………………………………………………………… 61
　（2）入力例と出力画面及びグラフの読み取り方 …………………………… 63
　　　・人口及び世帯数の推移 ………………………………………………… 64
　　　・5階級別将来人口動向 ………………………………………………… 66
　　　・歳入 ……………………………………………………………………… 68
　　　・歳出 ……………………………………………………………………… 70
　　　・投資的経費 ……………………………………………………………… 72
　　　・公共施設一覧 …………………………………………………………… 74
　　　・土地・建物保有状況 …………………………………………………… 76
　　　・築年別整備状況 ………………………………………………………… 78
　　　・更新費用試算 …………………………………………………………… 80
　　　・道路　更新費用試算 …………………………………………………… 82
　　　・橋りょう　更新費用試算 ……………………………………………… 84
　　　・上水道　更新費用試算 ………………………………………………… 86
　　　・下水道　更新費用試算 ………………………………………………… 88
　　　・インフラ資産　総更新費用試算 ……………………………………… 90

第Ⅲ章　更新費用試算ソフトの活用事例＜基礎編＞ …………………………… 93

1　公共施設マネジメントの業務フロー ………………………………………… 95
2　基本方針策定での活用 ………………………………………………………… 96
　（1）基本方針策定での活用〈ステップ1〉 …………………………………… 96
　　1）事例その1（深谷市の例） ……………………………………………… 96
　　2）事例その2（松江市の基本方針策定） ………………………………… 104
　　3）事例その3（高浜市の基本方針策定） ………………………………… 104
3　公共施設・インフラ資産の実態把握 ………………………………………… 105
　（1）公共施設マネジメント白書での活用〈ステップ2〉 …………………… 105
　　1）白書の目次例 …………………………………………………………… 105
　　2）人口推移及び将来予測 ………………………………………………… 106
　　3）財政の現状と課題 ……………………………………………………… 109
　　4）保有資産の状況 ………………………………………………………… 111
　　5）築年別整備の状況 ……………………………………………………… 112
　　6）公共施設の更新費用試算 ……………………………………………… 113
　　7）インフラ資産の更新費用試算 ………………………………………… 114
　　8）人口推移及び将来予測と公共施設の関係の分析例 ………………… 115
　　9）課題の明確化の例 ……………………………………………………… 116
4　PRE基本方針策定での活用 ………………………………………………… 117
　（1）PRE基本方針策定での活用〈ステップ3〉 ……………………………… 117

第Ⅳ章　更新費用試算ソフトの活用事例＜応用編＞ ･････････ 119

1　各種検討（シミュレーション）〈ステップ4〉･･･････････････ 120
　(1) 長寿命化シミュレーション ････････････････････････････ 120
　　1) 推計条件の変更 ････････････････････････････････････ 120
　　2) 新たな修繕・改修周期の考え方 ････････････････････････ 122
　(2) 段階的削減シミュレーション ･･･････････････････････････ 123
　　1) 更新費用試算ソフトの活用 ････････････････････････････ 124
　　2) 地域別の算定方法 ･･･････････････････････････････････ 125
　(3) 整備レベルの設定とその効果の試算 ････････････････････ 126
　(4) インフラ資産シミュレーション ････････････････････････ 128

2　日常管理での活用 ･･ 130
　(1) 年度更新管理〈公共施設一覧の活用〉 ････････････････････ 130
　　1) 施設一覧（一元化された施設の基本情報）の更新 ･････････ 130
　　2) 他の所管データの集約と日常管理 ･･･････････････････････ 131
　　3) 規模・構造別の整理 ･････････････････････････････････ 132
　　4) 地域別の整理 ･･･････････････････････････････････････ 133

参考資料 ･･･ 135
1　公共施設等総合管理計画の策定要請【総務省】 ･･････････････ 137
2　インフラ長寿命化基本計画
　【インフラ老朽化対策の推進に関する関係省庁連絡会議】 ･･････ 151
3　まちづくりのための公的不動産（PRE）有効活用ガイドライン《抜粋》
　【国土交通省都市局都市計画課】 ････････････････････････････ 175
4　更新費用試算ソフトＱ＆Ａ ･････････････････････････････････ 209

　　※本書では、記載内容ごとに業務で関連の深い部署等の分類を記号で表示しています。記号と内容、対象となる参考所管課は以下の通りです。

記号	凡例：分類内容	対象所管課（参考例）
共通	全分類共通の項目	全て
総財	全体まとめ・財政・人口に関する項目	企画・総務・行革、財政課等
施設	公共施設の管理情報に関する項目	施設・保全・建築課等
インフラ	インフラ資産の管理情報に関する項目	土木課等
学校	学校施設管理に関係の深い項目	教育委員会・学校施設課等

　　※：本書に掲載した図表は、本ソフトから出力された値を基に、画像加工などの編集を加えたもので、本ソフトで直接出力できるものとは異なります。
　　　（ソフトの画面キャプチャーを除く）

第Ⅰ章

公共施設等の現状と課題

1　現状と課題
（1）公共施設等の現状と課題
（2）インフラ資産の現状と課題
2　関連施策等の動向
（1）公共施設等総合管理計画
（2）関連の調査研究
3　公共施設等総合管理計画の立案
（1）マクロ把握：総合管理計画［初動版］の作成
（2）詳細把握：総合管理計画［改訂版］の策定

1 現状と課題

(1) 公共施設等の現状と課題

1) 公共施設の現状

総務省消防庁が実施した調査結果をみると、地方自治体が所有又は管理している公共施設（公共用及び公用の建物：非木造の2階建以上又は延床面積200㎡超の建築物）の数は、平成21年（2009年）現在で、都道府県が約10.6万棟、市町村が34.2万棟、合計44.8万棟となっています。このうち市町村の公共施設の内訳をみると、最も多いのは学校等の文教施設で13.0万棟（38.0％）、次いで公営住宅の9.5万棟（27.7％）となっています。

表　地方自治体の公共施設数

区分	都道府県 施設数	割合%	市町村 施設数	割合%
社会福祉施設	1,792	1.7	21,697	6.3
文教施設	30,019	28.2	130,024	38.0
庁舎	4,560	4.3	9,691	2.8
会館・公民館等	939	0.9	25,531	7.5
体育館	233	0.2	6,342	1.8
診療施設	771	0.7	4,367	1.3
警察本部・警察署等	5,088	4.8	-	-
消防本部・消防署所	480	0.4	5,704	1.7
公営住宅等	36,005	33.8	94,688	27.7
職員公舎	11,949	11.2	2,124	0.6
その他	14,582	13.7	42,017	12.3
計	106,418	100.0	342,185	100.0

出典：総務省消防庁「防災拠点となる公共施設等の耐震化推進状況調査報告書」（平成22年9月）

2) 公共施設の課題

① 人口減少等に伴う公共施設の需要の変化

平成22年（2010年）の127,176千人をピークに各地域及び全国的に人口は減少することが予測され、平成47年（2035年）は110,679千人となり、ピーク時の約87％となります。最も減少が著しい地域は、四国地方であり、ピーク時の77％となります。

このような人口減少に伴い、公共施設に対する需要も縮小する可能性が高くなっています。

図　全国の人口推移と将来推計

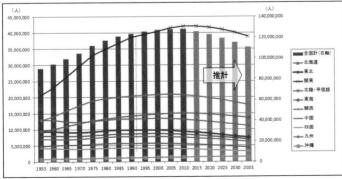

出典：国勢調査、日本の都道府県別将来推計人口（平成19年5月推計、国立社会保障・人口問題研究所）

② 住民ニーズの変化

　少子化・高齢化が進み、高齢者人口は平成22年（2010年）には約4人に1人の割合ですが、平成47年（2035年）には約3人に1人となります。このような人口構造の変化に伴い、公共施設に求められる機能も変化する可能性があります。

図　人口構成の推移と将来推計

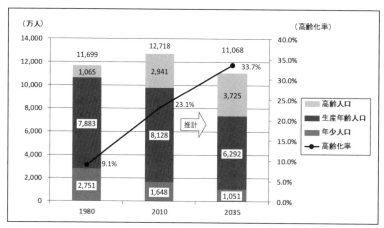

出典：国勢調査、日本の都道府県別将来推計人口（平成19年5月推計、国立社会保障・人口問題研究所）

③　厳しい財政状況

　生産年齢人口の減少等に伴う税収減により、多くの自治体において歳入総額の減少が見られる中、全国自治体の歳出総額は減少傾向にあり、10年間で1割以上減少しています。高齢者人口の増加に伴い、扶助費[1]が増加傾向にあることを受けて、投資的経費は大幅な抑制を余儀なくされ、10年間で約半分の水準まで圧縮されています。

図　全国自治体の性質別歳出の推移

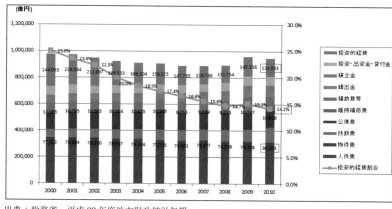

出典：総務省　平成22年度地方財政統計年報

---

[1] 「扶助費」とは、社会保障制度の一環

④ 合併市特有の課題

全国的な傾向のひとつとして、合併市に特有の課題があります。その第一として、合併後の普通交付税等の減少による歳入の急減が挙げられます。段階的な激変緩和措置はあるものの、将来の財政制約に与える影響は小さくありません。このような財政制約の変化を考慮した上で、将来の公共施設等の更新のあり方を考える必要があります。

図 合併後の普通交付税算定の特例措置イメージと、財政制約の変動

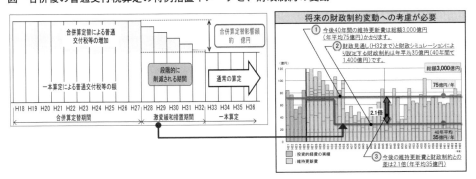

また、合併前のそれぞれの地域で保有していた施設が、合併後もそのまま残っており、各地域で重複する機能の施設をフルスペックで持っている等、合併による効率化が進んでいない現状があります。

図 合併市の地域実態マップ（保有施設配置状況）の例

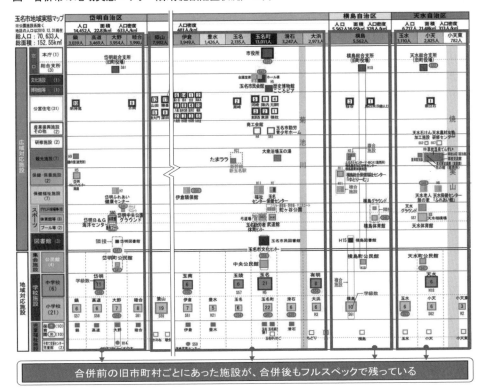

出典：玉名市公共施設マネジメント白書（平成23年度）

3) 各自治体の課題と、課題解決に向けた取り組み方針

これらの人口や財政に関する全国的な現状は、多くの自治体単位でも同様の傾向がみられます。これを公共施設の実態と重ねてみることで、より具体的な課題が明らかになります。

図　各自治体における課題と取り組み方針の例

■　各自治体の課題

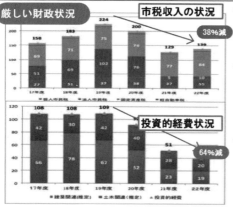

- 近年の経済状況により、法人税収等が激減し、今後についても税収の回復は予断を許さない状況が続くことが予想されます。
- 高齢化の進展等による扶助費の増加及び昭和50年代以降に学校、住宅等数多く整備された公共施設の大規模改修や建替え等の財政需要の発生が見込まれます。
- 投資的経費については、22年度では総額39億円に抑制され、インフラ関連（土木）を除く、公共建築物には20億円程度しか支出がされていない状況となっています。

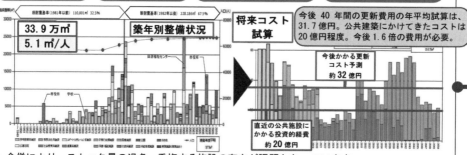

- 合併により、ストック量の過多、重複する施設の存在が課題となっています。
- 財政や人口の動向が不透明な中、今後、施設の老朽化、維持・更新費の増大にどう対応するか大きな問題です。

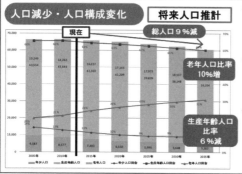

- 2010年頃をピークに人口は減少に転じ、それ以降、少子高齢化の急速な進展、生産年齢人口の減少が予想されています。
- 自動車関連産業の動向如何によっては、生産年齢人口の減少傾向に拍車のかかる恐れがあります。
- そうした人口の動向により、市民ニーズの大幅な変化や、個人税収の減少や扶助費の増加等により、財政状況の厳しさが増すことが想定されます。

- 各自治体とも、社会情勢の変化によって、市の財政や人口動態に大きな影響を受けます。
- 今後も自治体を取り巻く状況は、社会情勢等によって変化することが予測され、公共施設整備に関する市の方針、方向性も見直していく必要があります。

このような課題解決に向け、下図のような様々な取り組みが、求められています。本書では、この取組みの実施を支援する「更新費用試算ソフト」を用いた具体的な手法を中心に紹介していきます。

図　公共施設マネジメントの進め方

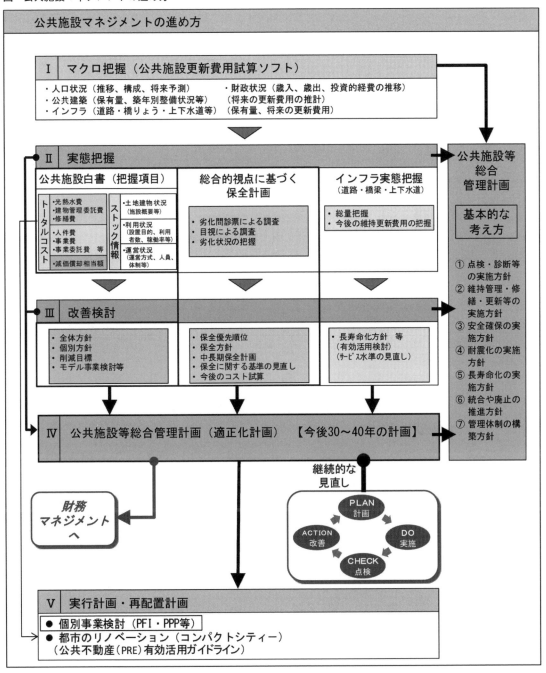

(2) インフラ資産の現状と課題

1) インフラ資産の現状

　道路、橋りょう、トンネル、河川、上水道、下水道、港湾、公園等のインフラ資産は、高度成長期以降に集中的に整備されており、約50年が経過する今後、一斉に高齢化し、老朽化するインフラが急増します。一方で、これまでのインフラの維持管理は、経年劣化や損傷等で、機能不全に陥った時に、対処療法的に修繕を行い、その機能を維持してきたのが現状であり、長寿命化の概念が定着してきたのは最近のことです。

　この長寿命化を目指した維持管理については、点検・調査、診断等の個別技術開発は進歩しており、基準やマニュアルも策定されてきています。しかし、管理者毎（国や地方自治体）や施設毎でまちまちであり、必ずしも、統一的、効果的・効率的に運用されている状況ではありません。

　また、地方自治体の中には、財政制約における維持管理費用の削減、維持管理を担当する技術者の減少、経年劣化や疲労等に伴う損傷の進行速度が遅く、問題が発生するまでに長時間を要すること等より、長寿命化を目指した維持管理に取り組めない管理者も多いのが実情です。

2) インフラ資産の施設毎の取り組み状況

① 国土交通省の道路予防保全の取り組み

　国土交通省では、平成15年（2003年）に「道路構造物の今後の管理・更新のあり方　提言」により、現状および将来的な道路構造物の課題を整理し、アセットマネジメントの導入とライフサイクルコストを考慮する設計・施工法の確立等について提言を行っています。

　また、平成20年（2008年）に「道路橋の予防保全に向けた提言」により、早期発見・早期対策の予防保全システム構築のために、1－点検の制度化、2－診断の信頼性確保、3－技術開発の推進、4－技術拠点の整備、5－データベースの構築と活用の5つの方策を示しています。

　この提言を受け、橋りょうについては、平成22年（2010年）以降に、5年に1度の定期的な点検を実施した上での長寿命化修繕計画の策定と橋りょう長寿命化事業に対して、社会資本総合交付金等で財政支援を行っています。

　この長寿命化修繕計画の策定率は、平成25年度（2013年度）時点で、15m以上の全橋りょう数の87％まで進んでおり、要修繕橋りょうのうち15％の橋りょうで修繕が実施済みです。

② 国土交通省の道路以外の長寿命化への取り組み

　道路予防保全以外でも、国土交通省では、河川については、平成23年（2011年）に「河川構造物長寿命化及び更新マスタープラン」を策定し、「河川砂防技術基準維持管理編（河川編）」を策定し、河川維持管理計画の策定を推奨しています。また、平成24年（2012年）に「計画的、効率的な河川維持管理に関する取組みについて」を通達し、長寿命化計画の記載を要件として社会資本総合交付金等での財政支援を行っています。

　このような背景の中主要な河川構造物の長寿命化計画策定率は、平成23年度（2011年度）時点で施設数の3％となっています。

　下水道については、国土交通省で平成20年（2008年）に「下水道長寿命化支援制度」を創設、平成25年（2013年）に「ストックマネジメント手法を踏まえた下水道長寿命化策定に関する手引き」を策定し、ライフサイクルコストの最小限化と耐震化等の機能向上を考慮した長寿命化計画の策定を支援しています。

　公園については、平成21年（2009年）に「公園施設長寿命化計画策定補助」制度を創設し、平成24年（2012年）に、「公園施設長寿命化計画策定指針」が策定され、建築物、土木構造物、運動施設、園路、遊具、植栽等の公園施設毎にストックマネジメントを行うことを推奨しています。

③ 厚生労働省の長寿命化への取り組み

　厚生労働省では、平成20年（2008年）に策定した水道ビジョン改定版で、アセットマネジメント手法を導入しつつ、中長期的な視点に立った、技術的基盤に基づく計画的・効率的な水道施設の改築・更新や維持管理・運営、更新積立金等の資金確保方策を進めるために、具体的検討を推進することが明記されています。

これを受け、平成21年（2009年）に、「水道事業におけるアセットマネジメント（資産管理）に関する手引き」が策定され、マクロマネジメント（更新需要・財政見通し）、ミクロマネジメント（運転管理・点検調査、診断・評価）について、その計画立案方針が示されています。

3) インフラ長寿命化基本計画の策定

前述の通り、国土交通省や厚生労働省等では、インフラ資産の施設毎に長寿命化計画の策定の推進を促し、中長期的な視点より、予防保全を取り入れたライフサイクルコストの最小限化を目指し、地方自治体に対しての財政支援を行っています。

しかし、地方自治体の厳しい財政状況下、さらに、維持管理担当の技術者が不足する中、これらの支援制度を利用しての長寿命化計画を策定することもままならない地方自治体も多いのが実情です。また、施設毎の長寿命化計画のための具体的な維持管理計画は策定したものの、その必要費用を、将来的な財政収支に反映していない地方自治体も多くあります。

このような状況を鑑み、内閣府、総務省、国土交通省をはじめとする各関係省庁により、「インフラ老朽化対策の推進に関する省庁連絡会議」を設置し、平成25年（2013年）に「インフラ長寿命基本計画」の策定を推進しています。

「インフラ長寿化基本計画」では、各地方自治体は、平成28年（2016年）までに、インフラ資産の全般について、メンテナンスサイクルを構築するとともに、それらを支える技術、予算、体制、制度を一体的に整備するために、インフラの維持管理・更新を着実に推進するための中期的な取り組みの方向性を明らかにした「行動計画」及び、メンテナンスサイクルの核となる個別施設計画をできるだけ早期に策定し、これに基づき戦略的な維持管理を推進することとしています。

なお、前述したインフラ資産の施設別長寿命化計画等は、当面「インフラ長寿命化計画」における行動計画や個別計画の策定に替えることは可能ですが、早期に適切な見直しが必要となるとしています。

図 インフラ長寿命化基本計画等の体系（イメージ）

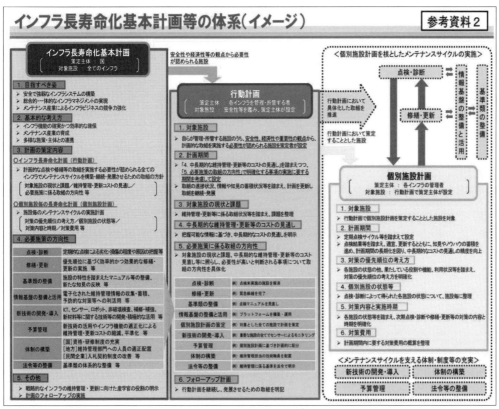

出典：インフラ老朽化対策の推進に関する関係省庁連絡会議　平成25年11月29日配布資料

2 関連施策等の動向

(1) 公共施設等総合管理計画

　平成24年（2012年）7月に閣議決定された日本再生戦略では、「社会資本の適確な維持管理・更新等が不可欠であり、長寿命化計画の策定推進等による戦略的な取組を推進する。」と記載されています。その後、平成24年（2012年）12月に中央自動車道の笹子トンネル天井板落下事故が発生し、社会資本の劣化対策に国民の関心が高まる中、「インフラ長寿命化基本計画」「国土強靱化基本法成立」「社会資本整備審議会答申」等の対策が図られています。また、人口減少に対応した都市計画として公的不動産（PRE）の有効活用に関するガイドラインが提示されています。

　このような中、「公共施設等総合管理計画」の策定に関する指針が総務省から地方自治体に通知されていますが、公共施設等総合管理計画（以下「総合管理計画」という）は、「インフラ長寿命化基本計画」において地方自治体が策定することが期待されているインフラ長寿命化計画（行動計画）に該当するものになっており、重複作成の無駄を省くこととしています。（次ページ図*1）

　総合管理計画においては、「公共施設等とは、公共施設、公用施設その他の当該地方公共団体が所有する建築物その他の工作物をいい、具体的には、いわゆるハコモノの他、道路・橋りょう等の土木構造物、公営企業の施設（上水道、下水道等）、プラント系施設（廃棄物処理場、斎場、浄水場、汚水処理場等）等も含む包括的な概念である。」としています。また、公営企業に係る施設も総合管理計画の対象としています。

　一方、都市計画法（定義）4条14項この法律において「公共施設とは、道路、公園その他政令で定める公共の用に供する施設をいう。」、都市計画法施行令第一条の二「法第四条第十四項の政令で定める公共の用に供する施設は、下水道、緑地、広場、河川、運河、水路及び消防の用に供する貯水施設とする。」と定義されています。

　なお、本書では次のような分類に基づいて記述しています。
① 　公共施設：公共及び公用の建築物（斎場等プラント系建築物を含む。）
② 　インフラ資産：道路等の土木構造物、上下水道等の公営企業の施設（付帯建築物を含む。）

表　関連施策等の動向

平成 24.7	日本再生戦略（平成24年7月閣議決定）
平成 24.12.2	中央自動車道上り線笹子トンネル天井版落下事故
平成 25.11	インフラ長寿命化基本計画 （インフラ老朽化対策の推進に関する関係省庁連絡会議）
平成 25.12	国土強靱化基本法成立
平成 25.12	社会資本整備審議会・交通政策審議会　答申 　今後の社会資本の維持管理・更新のあり方について
平成 26.4.14	社会資本整備審議会 道路分科会　基本政策部会 　道路の老朽化対策の本格実施に関する提言（案）
平成 26.4.17	まちづくりのための公的不動産(PRE)有効活用ガイドライン*2 （国土交通省都市局都市計画課）
平成 26.1.24	公共施設等総合管理計画の指針案の概要（総務省）
平成 26.4.22	公共施設等総合管理計画の策定にあたっての指針の策定について （総務省自治財政局財務調査課長）

＊1：図　公共施設等総合管理計画に基づく老朽化対策の推進イメージとインフラ長寿命化計画の体系

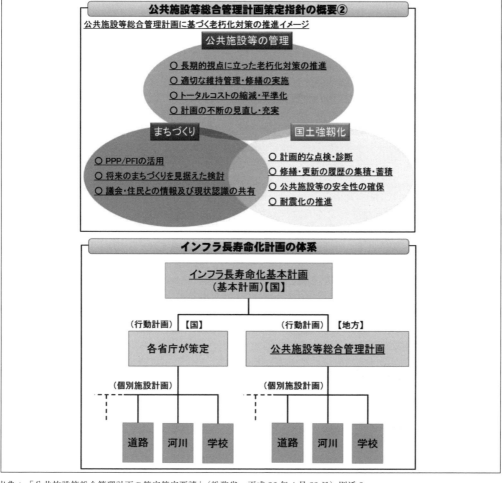

出典：「公共施設等総合管理計画の策定策定要請」（総務省　平成26年4月22日）別添2

＊2：図　まちづくりのための公的不動産（PRE）活用ガイドラインの概要（抜粋）

1．はじめに
　　現状と課題／ガイドラインの概要
2．公的不動産活用に向けた検討
　　第1ステップ　まちづくりの方向性の整理
　　第2ステップ　公的不動産情報の整理・一元化
　　　①総量把握、②面的把握、③個別把握
　　第3ステップ　公的不動産に関する基本的な考え方の整理
　　第4ステップ　公的不動産の具体的なあり方の検討
　　第5ステップ　個別事業内容の検討
3．検討にあたっての留意事項
　　　自治体内の体制、住民との連携、自治体間の連携、民間との連携、その他

出典：まちづくりのための公的不動産（PRE）有効活用ガイドライン　国土交通省都市局都市計画課　平成26年4月

(2) 関連の調査研究

1) 公共施設更新費用試算ソフトの開発

　平成 22 年度（2010 年度）に財団法人自治総合センターが開催した「地方公共団体の財政分析等に関する調査研究会」において開発された簡易に更新費用の推計を行うことのできる更新費用試算ソフトが総務省のホームページで、また、一部機能を追加した改良版が財団法人地域総合整備財団＜ふるさと財団＞のホームページで公開されています。

表　公共施設等更新費用試算ソフトの開発経緯

平成 23.3	・地方公共団体の財政分析等に関する調査研究会報告書（公共施設及びインフラ資産の更新に係る費用を簡便に推計する方法に関する調査研究）	財団法人自治総合センター 総務省 HP
平成 23.10.3	・更新費用試算ソフト(Excel2007 用)(23.7) ・試算ソフトシステム操作マニュアル (23.7)	総務省 HP
平成 24.12.28 改訂（平成 26.3）	・公共施設等更新費用試算ソフトの仕様書(26.3) ・公共施設等更新費用試算ソフト (ver.2.00) ・使い方に関するＦＡＱ	財団法人地域総合整備財団 ＜ふるさと財団＞HP

2) 公共施設更新費用試算ソフトを活用した調査・研究

　平成 23 年度（2011 年度）には、総務省が公共施設等更新費用試算ソフトを活用した調査協力を市区町村に依頼し、回答があった 111 市区町村について将来の更新費用等の比較分析を行っており、調査結果を次ページに示しています。なお、調査協力市区町村の人口（1,802 万人）の全国の人口に占める割合は 14.2% です。本調査の対象は、平成 21 年度（2009 年度）までに建設・整備された公共施設（建築物）及びインフラ資産（道路、橋りょう、上水道及び下水道）で、自ら設置・管理しているものです。公共施設は普通会計の延床面積が 50 ㎡以上の建築物を対象とし、普通会計以外の会計の建築物である病院、競馬場等は含んでいません。

　また、平成 24 年（2012 年）には、公共施設マネジメントの取組状況、先進事例等の調査が行われています。平成 25 年度（2013 年度）以降についても総務省が調査を行い、総務省のホームページで公開されることとなっています。

表　公共施設等更新費用試算ソフトを活用した調査・研究

平成 24.3	公共施設及びインフラ資産の将来の更新費用の比較分析に関する調査結果（総務省自治財政局財務調査課）	総務省 HP
平成 24.3.26	※比較分析表作成フォーマット（分析グラフ反映版） (Excel2007 形式) EXCEL (hikaku-ver.2.00.xlsm)	同上
平成 25.3	平成24年度 PFI/PPP調査研究会　報告書 〜公共施設マネジメントのあり方に関する調査研究〜	財団法人地域総合整備財団 HP

3) 学校建築の老朽化対策

　公共施設の約 4 割を占める学校施設は、昭和 40 年代後半から 50 年代にかけての児童生徒急増期に一斉に整備された結果、現在、建築後 25 年以上を経過した公立小中学校施設が保有面積の約 7 割を占めるなど老朽化の進行が深刻な状況となっています。安全面や機能面において改善を図るため、文部科学省のホームページに次の資料が掲載されています。

表　文部科学省ホームページ掲載資料

平成 25.3	学校施設の老朽化対策について 〜学校施設における長寿命化の推進〜	文部科学省 HP
平成 26.1	学校施設の長寿命化改修の手引（文部科学省） 〜 学校のリニューアルで子供と地域を元気に！〜	同上

表 公共施設更新費用試算ソフトを活用した調査結果の例

資料2 全国平均値及び人口区分別平均値

			全国平均	政令指定都市	250千人以上	100～250千人未満	50～100千人未満	30～50千人未満	10～30千人未満	10千人未満
人口1人当たりの将来の1年当たりの更新費用の見込み額 (単位：千円／人)	1	公共施設	32.91	34.88	21.06	30.96	35.31	45.88	49.42	109.44
	2	道路	9.98	6.74	5.60	11.79	19.44	23.62	31.62	75.49
	3	橋りょう	1.93	1.43	1.23	1.71	2.92	5.70	7.30	13.57
	4	上水道	10.74	7.51	10.96	13.06	17.51	22.42	19.66	44.33
	5	下水道	9.91	11.69	6.80	8.18	9.27	8.75	8.02	13.95
	6	総合計	63.95	62.26	40.44	63.32	82.16	105.40	112.68	238.11
現在の既存更新額に対する将来の更新費用の割合 (単位：%)	7	公共施設	243.6	201.1	256.0	308.3	222.3	355.9	240.9	295.6
	8	道路	194.5	73.8	293.6	236.7	417.2	332.3	471.6	860.0
	9	橋りょう	507.3	258.9	1421.5	454.4	576.1	1936.1	1471.6	664.5
	10	上水道	363.4	234.9	438.2	419.2	462.9	383.8	488.6	883.8
	11	下水道	283.1	215.0	316.8	1129.0	452.8	486.4	1969.4	986.0
	12	総合計	262.6	176.0	303.4	348.4	323.1	397.4	366.6	487.1
現在の投資額に対する将来の更新費用の割合 (単位：%)	13	公共施設	107.3	90.1	85.4	166.7	101.7	146.1	124.2	119.0
	14	道路	94.5	36.4	95.7	121.9	228.3	196.5	223.5	278.1
	15	橋りょう	286.4	168.2	229.6	278.4	351.4	750.5	732.6	469.2
	16	上水道	230.0	154.2	294.1	251.6	278.5	220.7	429.9	592.0
	17	下水道	83.9	93.4	57.9	111.2	93.7	60.6	43.9	132.2
	18	総合計	113.1	82.7	99.4	160.1	139.2	154.4	150.7	180.6
人口1人当たりの延床面積等 22、24(単位：m／人) それ以外 (単位：m²／人)	19	公共施設	3.22	3.44	1.92	2.89	3.56	4.83	5.24	10.61
	20	道路	31.99	21.56	17.98	37.83	62.42	75.61	101.51	242.06
	21	橋りょう	0.26	0.18	0.16	0.22	0.39	1.12	0.68	1.78
	22	上水道管	4.09	2.58	4.20	5.23	7.05	8.94	10.79	17.70
	23	上水道施設	0.03	0.03	0.01	0.03	0.05	0.10	0.15	0.08
	24	下水道管	3.60	3.61	2.68	3.37	4.06	5.37	6.33	6.33
	25	下水道施設	0.12	0.11	0.13	0.07	0.14	0.21	0.12	0.31
	26	公共用地	15.29	11.15	6.35	14.48	29.24	25.29	59.25	369.59
老朽化及び耐震改修の状況 (単位：%)	27	公共施設 *1	43.1	46.4	50.6	42.2	32.6	32.4	35.9	34.6
	28	耐震改修の状況 *2	79.6	82.3	70.8	75.6	82.9	81.4	78.3	82.4
	29	橋りょう *3	13.2	10.4	6.4	25.4	24.1	7.6	18.6	12.1
	30	上水道管 *4	33.7	30.0	30.4	35.7	46.5	30.5	27.8	43.9
	31	上水道施設 *1	45.3	53.3	47.1	27.4	36.0	34.1	71.5	24.2
	32	下水道管 *5	9.7	11.2	6.8	5.4	12.7	12.4	0.8	0.0
	33	下水道施設 *1	7.7	10.9	5.1	7.1	1.2	2.9	3.3	0.0
財政の状況 35～37 (単位：千円／人) 38～39 (単位：%)	34	財政力指数	0.87	0.95	0.85	0.91	0.72	0.54	0.47	0.37
	35	普通建設事業費 *6	53.81	55.67	40.57	47.99	55.53	72.76	83.25	261.64
	36	維持補修費 *6	5.74	7.57	3.21	3.83	4.53	4.51	5.71	6.23
	37	普通建設事業費及び維持補修費 *6	59.56	63.25	43.78	51.83	60.06	77.28	88.97	267.87
	38	普通建設事業費及び維持補修費 *7	14.6	14.0	14.0	15.0	15.0	16.0	18.0	28.0
	39	将来負担比率	128.0	187.8	24.7	61.7	101.0	133.4	88.8	―

*1 築30年以上経過した公共施設の割合（延床面積）
*2 耐震改修済（不要を含む。）の公共施設の割合（延床面積）
*3 整備後50年以上経過した橋りょうの割合（面積）
*4 整備後30年以上経過した上水道管の割合（延長）
*5 整備後40年以上経過した下水道管の割合（延長）
*6 人口1人当たりの決算額
*7 歳出総額に占める普通建設事業費と維持補修費の割合

出典：「公共施設及びインフラ資産の将来の更新費用の比較分析に関する調査結果」（平成24年3月）総務省自治財政局財務調査課

3 公共施設等総合管理計画の立案

(1) マクロ把握：総合管理計画［初動版］の作成
（公共施設等の実態把握及び総合管理計画の策定・見直し）

＜ステップ1＞

　総合管理計画は、必ずしも全ての公共施設等の点検を実施した上で策定することを前提としたものではなく、まずは現段階において把握可能な公共施設等の状態（建設年度、利用状況、耐震化の状況、点検・診断の結果等）や現状における取組状況（点検・診断、維持管理・修繕・更新等の履歴等）を整理して策定し、その後も、当該計画及び個別施設計画に基づく点検・診断等の実施を通じて不断の見直しを実施し順次充実させていくことが重要です。

　総務省のホームページ（http://www.soumu.go.jp/iken/koushinhiyou.html）には、簡易に更新費用の推計を行うことのできる更新費用試算ソフトを公開しているので、初動時の総合管理計画（初動版）の策定時に利用でき、また、総務省が行った「更新費用の比較分析に関する調査結果報告書」により類似自治体と比較検討も行うことができます。

表　総合管理計画の各段階ごとの管理項目

1．マクロ把握［初動版］＜ステップ1＞		
・公共施設保有量、老朽化状況（土地面積/建物面積/築年別整備状況/用途別内訳） ・インフラ資産保有量、老朽化状況（道路、橋りょう、上水道、下水道） ・人口状況（市全体/地域別、推移、将来予測、人口構成変化） ・財政状況（歳入/歳出/投資的経費の推移・内訳） ・今後40年にかかる更新費試算（公共施設/インフラ/全体）		

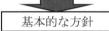

基本的な方針

2．詳細把握［改定版］＜ステップ2＞		
①公共施設マネジメント白書	②公共施設保全計画	③インフラ資産
・施設概要（敷地,建物面積,築年） ・建物基礎情報(耐震化,老朽化) ・利用状況(設置目的,利用者数/件数/部屋別/時間帯別/稼働率) ・運営状況(運営方式,人員,体制) ・コスト情報(人件費/委託費/修繕費/減価償却費等)・地域分析	・劣化情報（書面/現地調査） （躯体/内部,外部仕上/設備/その他） ・総合劣化度/施設重要度 ・保全順位付 ・現行保全基準の把握 （整備・管理水準,耐用年数）	・道路、橋りょう ・上水道、下水道 ・河川等 （路線数/延長/橋数/延長/整備率/普及率,老朽化状況）等
3．方針策定（改善方針）＜ステップ3＞		
・大方針,改善方針 ・具体的な方策 ・利用圏別方針 ・削減目標案,用途別,地域別 ・市民アンケート	・今後の整備レベル ・今後の維持管理レベル ・長寿命化の方針 ・財政制約を含めた検討	・方針 ・改善方策
4．再編計画＜ステップ4＞		
・統廃合等再編計画 ・個別事業計画 (都市拠点形成計画) (PREステップ第4, 第5)	・中長期保全計画 （改修部位別,大規模施設） ・適正管理指導/調査体制	インフラ長寿命化計画、個別施設毎の長寿命化計画(修繕,点検計画)
5．個別事業計画		
6．事業実施/評価改善		

(2) 詳細把握：総合管理計画［改訂版］の策定

＜ステップ2＞

初動版においては、公共施設等の総量から今後の更新費用を算出しているが、より詳細な検討を行うため、公共施設とインフラ資産について次の検討を行う。

① 公共施設マネジメント＜利用状況、運営状況、コスト情報等の把握と検討＞
② 公共施設保全計画＜書面または現地調査による劣化情報の把握と検討＞
③ インフラ資産＜道路、橋りょう、上下水道、河川等の把握と検討＞

＜ステップ3＞

この際、所管課による利用状況、運営状況等の検討、営繕課による施設の劣化状況調査のほか、企画、財政課を含めた全庁的な検討体制により、財政的な制約を踏まえた行政サービスの内容や水準の見直し等の改善方針の検討を行う。

＜ステップ4＞

さらに、都市拠点形成、まちづくりのための公的不動産（PRE）活用、広域的な行政サービスの在り方等の視点を踏まて、①長期的な公共施設の統廃合計画、②修繕・改修等の中長期保全計画、③インフラ長寿命化計画等の全体計画の策定を行うとともに、短期的な事案について事業化方式等の検討を行う。

表 総合管理計画の内容（抜粋）

公共施設等総合管理計画の策定にあたっての指針	
第一 総合管理計画に記載すべき事項 一 公共施設等の現況及び将来の見通し （1）老朽化の状況や利用状況をはじめとした公共施設等の状況 （2）総人口や年代別人口についての今後の見通し（30年程度が望ましい） （3）公共施設等の維持管理・修繕・更新等に係る中長期的な経費の見込みやこれらの経費に充当可能な財源の見込み等	
二 公共施設等の総合的かつ計画的な管理に関する基本的な方針 （1）計画期間（10年以上が望ましい） （2）全庁的な取組体制の構築及び情報管理・共有方策 （3）現状や課題に関する基本認識 （4）公共施設等の管理に関する基本的な考え方 　①点検・診断等の実施方針　②維持管理・修繕・更新等の実施方針 　③安全確保の実施方針　　　④耐震化の実施方針 　⑤長寿命化の実施方針　　　⑥統廃合等の実施方針 　⑦総合的かつ計画的な管理を実現するための体制の構築方針 （5）フォローアップの実施方針 三 施設類型ごとの管理に関する基本な方針	
第二 総合管理計画策定にあたっての留意事項 一 行政サービス水準等の検討 二 公共施設等の実態把握及び総合管理計画の策定・見直し 三 議会や住民との情報共有等 四 数値目標の設定 五 PPP/PFIの活用について 六 市区町村域を超えた広域的な検討等について 七 合併団体等の取組について	**第三 その他** 一 「インフラ長寿命化基本計画」について 二 公営企業分野に係る施設について 三 公共施設マネジメントの取り組み状況調査の実施等について 四 更新費用試算ソフトの活用について 五 総合管理計画の策定に係る財政措置等について 六 地方公会計(固定資産台帳)との関係

出典：「公共施設等総合管理計画の策定にあたっての指針」（総務省　平成26年4月22日）別添

第Ⅱ章

更新費用試算ソフトの概要

1　開発経緯
（1）ソフト開発の目的
（2）エクセル試算ソフトの開発
（3）アンケート調査の実施
（4）アプリケーションソフトの開発
2　試算条件
（1）公共施設（建築物）の試算条件
（2）インフラ資産の試算条件
3　ソフトの操作
（1）画面構成
（2）実際の操作の前に　～　データ管理の考え方
（3）管理種別の作成
（4）新規データの作成
（5）新年度データ更新
（6）他のPCとのデータ交換
4　入出力とグラフの読み方
（1）入力と出力
（2）入力例と出力画面及びグラフの読み取り方

1 開発経緯

(1) ソフト開発の目的

　地方自治体の多くの公共施設が建築してから30年以上が経過し、公共施設の維持更新経費の増加が見込まれる中にあって、状況把握が十分でない現状を鑑み、将来の更新費用を把握し公共施設等の更新のあり方を検討していくため、更新費用を簡便に推計する手法が研究されました。

(2) エクセル試算ソフトの開発
　平成22年度（2010年度）に、地方公共団体の財政分析等に関する調査研究において、公共施設及びインフラ資産の更新に係る費用を簡便に推計する方法に関する調査研究が行われました。（株）ファインコラボレート研究所ではこの研究において調査・分析及び報告書の作成を行うとともに、公共施設及びインフラ資産の更新費用推計のためのソフトウェアを、マイクロソフト社のExcel®（注[1]）版マクロ付ファイル（以下「エクセル試算ソフト」という）の形式を用いて開発し、全国の地方自治体の使用に供するためフリーソフトとして頒布されました。

表　平成22年度　地方公共団体の財政分析等に関する調査研究会委員

＜委員＞		【５０音順】
	○　朝　月　雅　則	（静岡県浜松市財務部資産経営課長）
	○　飯　島　義　雄	（総務省自治財政局財務調査課長）
	○　井　上　正　己	（埼玉県宮代町総務政策課改革推進室長グループ主幹）
座長○	今　井　勝　人	（武蔵大学経済学部教授）
	○　大　塚　成　男	（千葉大学法経学部教授）
	○　兼　村　高　文	（明治大学公共政策大学院ガバナンス研究科教授）
	○　根　本　祐　二	（東洋大学大学院経済学研究科教授）
	○　吉　川　清　志	（千葉県習志野市企画政策部経営改革推進室長）
＜調査分析協力＞		
	○　望　月　伸　一	（(株)ファインコラボレート研究所所長）

図　平成22年度　地方公共団体の財政分析等に関する調査研究会報告書

---

[1] Excel® はマイクロソフト社の登録商標です。以下本書では、エクセル又はExcelと表記します。

(3) アンケート調査の実施

平成 23 年度（2011 年度）、総務省において、全国の自治体を対象に上記(2)で開発されたエクセル試算ソフトを用いて、公共施設及びインフラ資産の実態に関するアンケート調査が実施されました。その結果、111 自治体から回答を得、人口 1 人あたりの将来の更新費用が現在の更新費用に対して 2.6 倍（全国平均）にのぼることなどがわかってきました。(株)ファインコラボレート研究所ではこの調査において、調査協力、集計・分析等を実施しました。なお調査結果については、以下の総務省ホームページに掲載されています。

「公共施設及びインフラ資産の将来の更新費用の比較分析に関する調査結果」
http://www.soumu.go.jp/iken/koushinhiyou.html

また、以下に調査表及び調査結果の一部抜粋を示します。

表　調査表フォーマット

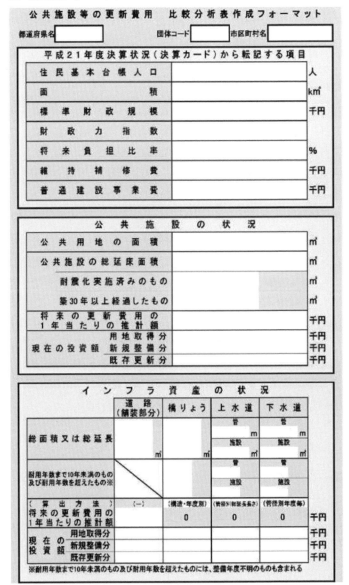

図・表　調査結果（人口一人あたりの延床面積）

		公共施設延床面積(㎡/人)	道路面積(㎡/人)	橋りょう面積(㎡/人)	上水道管延長(m/人)	下水道管延長(m/人)
人口1人当たりの公共施設の延床面積等	全国平均（加重）	3.22	31.99	0.26	4.09	3.60
	中央値	3.63	57.61	0.41	6.27	3.94

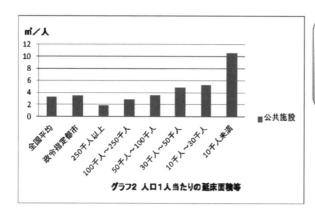

グラフ2　人口1人当たりの延床面積等

・人口1人当たりの公共施設の延床面積は、約3㎡になる。
・政令指定都市を除き、人口規模が小さい地方公共団体ほど、1人当たりの延床面積は大きい傾向にある。

表　調査結果（将来の年間更新費用の見込み額及び現在の既存更新額等に対する割合）

		公共施設	道路	橋りょう	上水道管	下水道管	総合計
人口1人当たりの将来の1年当たりの更新費用の見込み額((千円／人)	全国平均（加重）	32.91	9.98	1.93	10.74	9.91	63.95
	中央値	36.57	17.87	3.10	15.36	8.31	85.56
現在の既存更新額に対する将来の1年当たりの更新費用の割合(%)	全国平均（加重）	243.6	194.5	507.3	363.4	283.1	262.6
	中央値	361.5	414.1	1,130.9	521.1	1,073.1	417.9
現在の投資額に対する将来の1年当たりの更新費用の割合	全国平均（加重）	107.3	94.5	286.4	230.0	83.9	113.1
	中央値	152.1	175.9	381.0	326.9	71.8	152.7

・将来的な1年当たりのインフラを含む公共施設の更新には、人口1人当たり年間6万円以上が必要となる。
　この金額は、現在の更新額の約2.6倍、新設も含めた投資額の約1.1倍に当たる。

(4) アプリケーションソフトの開発

　(2)で開発されたエクセル試算ソフトは、平成24年度（2012年度）、財団法人地域総合整備財団の下で、新年度データ追加機能等の機能強化を図ったウィンドウズ版アプリケーションソフトとして更新されました。エクセル試算ソフトは表計算ソフトとしての成り立ちゆえに、エラー処理の難しさなどの課題がありました。(株)ファインコラボレート研究所では、この課題解決のため、エクセル試算ソフトをウィンドウズ上で作動するデータベース型独立アプリケーションに更新しました。（正式名称は「公共施設等更新費用試算ソフト」。以下「更新費用試算ソフト」という）

さらに平成25年度（2013年度）には、かねてから要望の多かった公共施設の試算内容の施設・建物別内訳を出力する機能を追加・改訂しました。以下にこれら各バージョンの保有機能比較表を掲載します。

表　各バージョンの機能比較

機能分類	摘要	Excel版	アプリ版(H24)	アプリ版(H25)
歳入歳出10年推移・内訳		○	○	○
投資的経費推移・内訳		○	○	○
土地・建物面積の大分類比率		○	○	○
公共施設築年別施設床面積＋人口推移		○	○	○
公共施設築年別施設床面積　施設年度別内訳				○
公共施設築年別耐震化別施設床面積		○	○	○
公共施設更新費用試算　施設年度別内訳		○	○	○
公共施設更新費用試算内訳				○
インフラ（道路・橋りょう・上下水道）整備量・更新費用試算		○	○	○
人口・世帯数推移		○	○	○
5階層別人口動態	（過去現在未来各20年）	○	○	○
道路試算精度設定	＜総量・構造別＞		○	○
橋梁試算精度設定	＜総量・構造年度別＞		○	○
上水道試算精度設定	＜管径別延長・管径別年度毎＞		○	○
下水道試算精度設定	＜総量・管種別延長・管種別年度毎・管径別延長・管径別年度毎＞		○	○
2010年度以降のデータ入力			○	○
大分類ごとの改修・更新単価変更		○	○	○
更新期間設定			○	○
入力チェック			○	○

　本書では、これまでの経緯を踏まえながら、「更新費用試算ソフト」をどのように活用できるか解説していきます。なお解説は以下の手順で進めてまいります。
　・基本的な入力方法
　・入出力とグラフの読み方
　・活用事例（基礎編）
　・活用事例（応用編）

2　試算条件

(1) 公共施設（建築物）の試算条件

1) 基本的な考え方
　① 試算期間：調査年度から40年間
　② 耐用年数の設定：目標耐用年数　60年（日本建築学会「建築物の耐久計画に関する考え方」）
　③ 更新年数の設定
　　● 建設時より30年後に大規模改修を行い、60年間使用して同床面積で建替えと仮定
　　● 現時点で、建設時より31年以上、50年未満の施設については、今後10年間で均等に大規模改修を行うと仮定
　　● 現時点で、建設時より50年以上経過しているものは、建替えの時期が近いので、大規模改修は行わないと仮定

2) 対象とする公共施設
　対象とする公共施設は、学校教育施設、文化施設、庁舎、病院等の普通会計及び病院事業会計に係る建築物とします。なお、建替えを想定していない文化財は対象外とします。
　上水処理施設及び下水処理施設については、建築物の建設時と同時に整備したプラント部分のみを含めて建築物と一体として試算します。
　また、病院については建築物のみを対象とし、医療機器類については対象としません。

3) 公共施設の更新費用算定
　更新費用は、床面積に単価を乗じて算定します。単価の初期設定は下記の通りです。

表　単価設定の初期値（※建替えについては、解体費含む。）

	建替え	大規模改修
市民文化系・社会教育系・行政系施設等	40万円/㎡	25万円/㎡
スポーツ・レクリエーション系施設等	36万円/㎡	20万円/㎡
学校教育系、子育て支援施設等	33万円/㎡	17万円/㎡
公営住宅	28万円/㎡	17万円/㎡

※単価は先行して試算に取組んでいる地方自治体の調査実績や設定単価等をもとに総務省が設定

4) 参照情報
　財政・人口・公共施設の記入内容は、公有財産台帳等、下記の既存システム（資料）から取得することを想定しています。

入力情報	参照情報	入力情報	参照情報
歳入・歳出・投資的経費	決算情報（決算カード）	建築面積（㎡）	資産台帳・建物台帳等
人口	国勢調査・各年度推計値	建物総延床面積（㎡）	資産台帳・建物台帳等
建物名	資産台帳・建物台帳等	施設（棟）延床面積（㎡）	資産台帳・建物台帳等
所在地	資産台帳・建物台帳等	構造	資産台帳・建物台帳等
施設名	資産台帳・建物台帳等	地上	資産台帳・建物台帳等
所管課	資産台帳・建物台帳等	地下	資産台帳・建物台帳等
会計名	資産台帳・建物台帳等	大規模改修年月日（又は年度）	保全台帳・工事台帳等
大分類	個別に判断	大規模改修（年度）	保全台帳・工事台帳等
中分類	個別に判断	耐震診断	保全台帳・工事台帳等
配置形態	個別に判断	耐震補強	保全台帳・工事台帳等
棟名	資産台帳・建物台帳等	土地所有	保全台帳・工事台帳等
代表建築年度（年度）	資産台帳・建物台帳等	建物/施設所有	資産台帳・建物台帳等
建築年月日（又は年度）	資産台帳・建物台帳等	一組等に対する負担割合	資産台帳・建物台帳等
建築年度（年度）	資産台帳・建物台帳等	一組等施設（棟）の延床面積	資産台帳・建物台帳等
敷地面積（㎡）	資産台帳・建物台帳等	上、下水処理施設等のプラント部分（千円）	資産台帳・建物台帳等

(2) インフラ資産の試算条件

1) 基本的な考え方

インフラ資産の投資的経費・投資額の算定は、以下の分類により行い、過去5年分の実績と、調査年度から40年度分の費用を試算することを基本としています。

① 既存更新分

道路舗装の打替え、橋りょうの架け替え、上下水道管の更新等の既存インフラ資産の維持・更新等の経費とします。

本ソフトにおいて、各インフラ資産の入力情報を入力することにより、調査年度から40年度分の維持・更新費用を自動試算することができます。

② 新規整備分

道路、橋りょう、上下水道等の新規整備にかかわる経費とします。

本ソフトにおいては、過去5年分の実績値を年度毎に直接入力して試算することができます。（調査年度から40年度分の本経費の直接入力は、本ソフトの現在のバージョンでは試算できません。）

③ 用地取得分

インフラ整備を行うために取得する用地費とします。

本ソフトにおいては、過去5年分の実績値を年度毎に直接入力して試算することができます。（調査年度から40年度分の本経費の直接入力は、本ソフトの現在のバージョンでは試算できません。）

2) 対象とするインフラ資産

対象とするインフラ資産は、市長村で管理している道路、橋りょう、上水道、下水道とし、国や都道府県が管理主体である河川、港湾、農林道は、市長村予算に占める割合も小さいため除外しています。

なお、公園については、市長村管理のものが多くあるため、適宜、反映する必要があります。
（本ソフトの現在のバージョンでは試算できません）

また、廃棄物処理施設、上水処理施設、下水道処理施設については、建築物とプラント部分を分離して試算すると煩雑になるため、建築物の建設時と同時に整備したプラント部分を建築物と一体として、建築物の耐用年数（60年）として試算します。このため、建築物で試算するものとし、インフラ資産の維持・更新費用には含まないものとしています。

（※上水道・下水道会計の施設は、各インフラ試算に計上されます。）

3）インフラ資産の既存更新費用の算定

　インフラ資産の保有状況および更新費用は、下記の表の条件に基づき試算が可能です。
　この際、国庫補助事業による国庫支出金、公営企業による料金収入は、煩雑になるため考慮しないこととしています。
　入力情報の各数量については、各市町村が保有する国の調査等、全国的に統一されたものを活用します。

表　インフラ資産更新費用算定条件

	入力情報	更新単価	算定条件
道路	一般道路 　実延長（m） 　道路面積（㎡）	4,700 円/㎡	国土交通白書の舗装耐用年数 10 年、一般的な供用耐用年数 12～20 年より、15 年に 1 度、全面的に舗装の打換を行うものとして算出。 面積は、道路施設現況調査等を活用。
	自転車歩行者道 　実延長（m） 　道路面積（㎡）	2,700 円/㎡	
橋りょう	ＰＣ橋、ＲＣ橋、石橋、木橋 　年度、面積（㎡）	425 千円/㎡	法定耐用年数より、構築年度から 60 年で全面更新するものとして算出。 面積は、道路施設現況調査等と活用。
	鋼橋 　年度、面積（㎡）	500 千円/㎡	
上水道	導水・送水管 　年度、延長、管径 300mm 未満 　～2000mm 以上（m）	100 千円/m ～923 千円/m	法定耐用年数より、構築年度から 40 年で更新するものとして算出。 延長は、水道統計調査等を活用。
	配水管 　年度、延長、管径 50mm 以下 　～2000mm 以上（m）	97 千円/m ～923 千円/m	
下水道	管種別集計の場合 　年度、延長（m） 　コンクリート・陶・塩ビ管の更生工法 　更生管の布設替え	124 千円/m 134 千円/m	法定耐用年数より、構築年度か 50 年で更新するものとして算出。 延長は、下水道事業に関する調書等を活用。
	管径別集計の場合 　年度、延長、管径 250mm 以下 　～3001mm 以上（m）	61 千円/m ～2,347 千円/m	

4）根拠資料その他

　試算対象や基本的な考え方、単価根拠などのより詳しい情報は、下記 URL で仕様書を公開していますので、そちらをご参照下さい。

＜財団法人　地域総合整備財団：公共施設マネジメント info＞
　http://management.furusato-ppp.jp/?dest=info

3　ソフトの操作

　本節ではソフトの具体的な操作方法を実例を用いて解説します。インストール方法や基本的な操作方法は、ソフトのダウンロードサイトでソフト本体のインストーラーに同梱している「操作マニュアル」を参照してください。

　はじめに所管課ごとの入力項目と、試算ソフトを用いたマクロ把握の目的及び調査・分析業務の更新サイクルを含む全体概要を示します。（入力項目はグラフ表示のあるもののみの表示）

　下図は各所管課で入力したデータから何が把握できるかを簡単に整理したものです。入力項目にある概要情報に基づいて総量把握と将来予測を行い、その結果からマクロ的な視点で保有資産を評価し、現状の資産を維持・更新していく上での課題抽出と改善策検討のための基礎情報を整備することを中心的な目的とします。

　これらの情報は更新や改善等の実施に伴い、毎年度更新することで整備計画等の進捗管理と、実施状況を踏まえた施設等の再評価を可能にし、整備計画等の見直しにつなぐことで、継続的な実態把握サイクルを構築します。

図　所管課ごとの入力項目と業務フロー

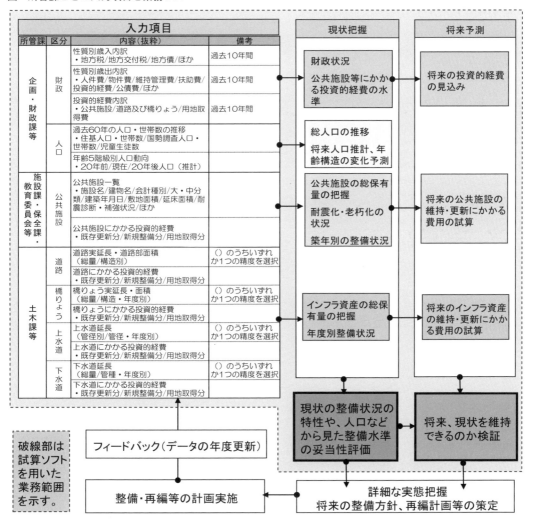

次に本ソフトの入力画面構成と簡単な解説を示します。

(1) 画面構成

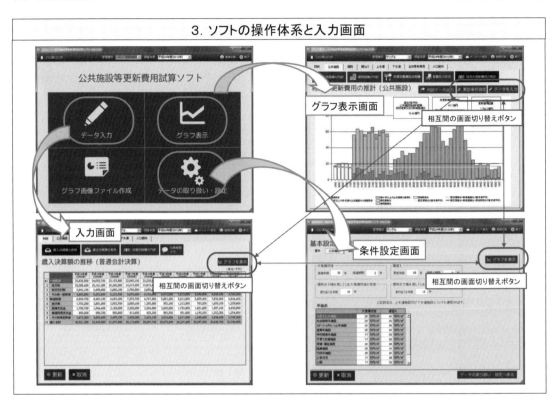

3．ソフトの操作体系と入力画面

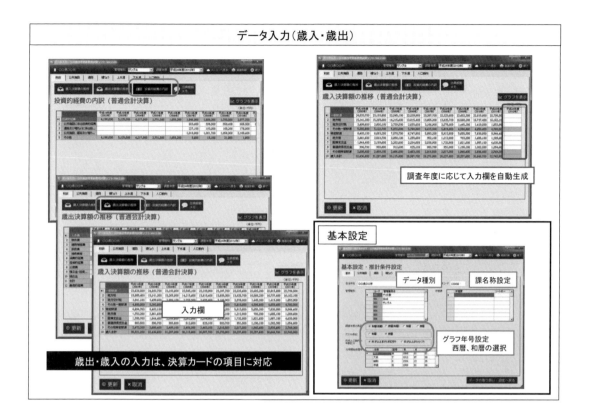

データ入力（公共施設）

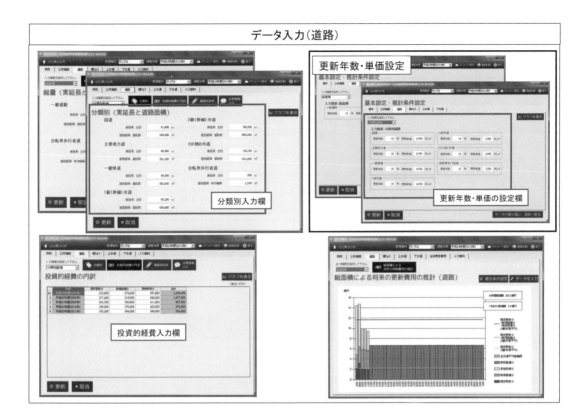

第Ⅱ章　更新費用試算ソフトの概要

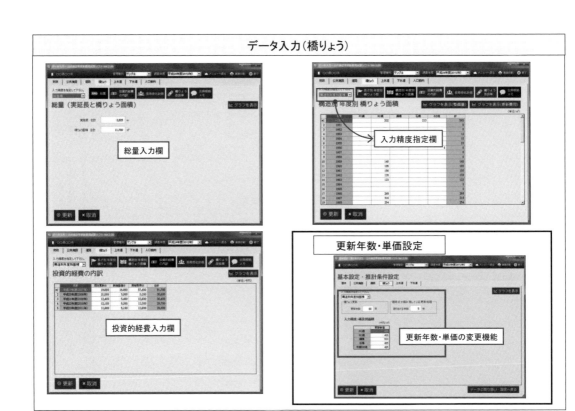

データ入力（上水道）

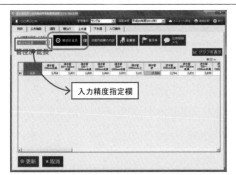
入力精度指定欄

投資的経費の入力欄

入力精度別の入力欄

更新年数・単価設定
更新年数・単価の変更機能

データ入力（下水道）

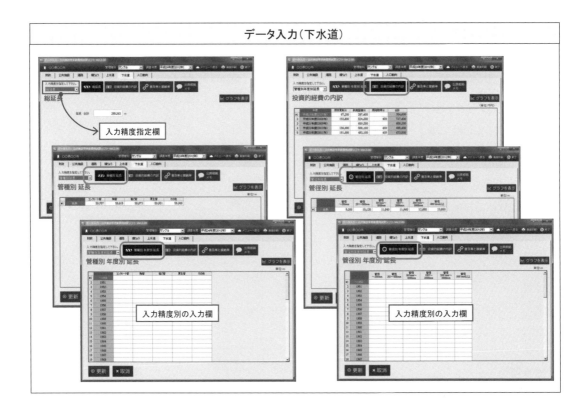

(2) 実際の操作の前に ～ データ管理の考え方

本ソフトでは、複数の異なるデータを保持するため、「管理種別」というデータの枠組みを設け、この「管理種別」を複数作成することで異なるデータを管理します。但し、財政データ（歳出・歳入の過去10年の推移データ等）は、1台のPCに1種類のみとなります。

1) データのバックアップ

「バックアップ」は、上記の複数の異なるデータを全てまとめてシステム外にファイルとして保存する機能です。作成した「管理種別」の設定も一緒に保存されます。従って、バックアップした後に「管理種別」を追加した場合、バックアップファイルを書き戻す（リストア）と、「管理種別」もバックアップした時点に戻り、あとから追加した「管理種別」は無くなります。

2) データの受け渡し

「バックアップ」の他にデータをファイルとして保存して、他のPCとデータ交換する方法に、「受け渡しファイル」の作成があります。「受け渡しファイル」は、特定の「管理種別」のデータを、公共施設や、道路、上下水道などに分け、指定したものをファイルに書き出すものです。財政データも選択できます。この「受け渡しファイル」は、指定した「管理種別」に、指定した項目｛公共施設、道路等｝のみ取込むことができます。

※但し、財政データは「管理種別」の別なく共通データなので、取込む前のデータが上書きされます。

管理種別とデータの保存イメージ

3) バックアップとデータ受け渡しの違い

「バックアップ」も「データ受け渡し」も、ファイルとしてデータを書き出す方法なので、どちらも他のPCとのデータ交換に使えます。違いは、「バックアップ」データの書き戻し（リストア）は、追加した管理種別や変更した試算条件なども含め、全てのデータがバックアップファイルの内容で置き換わります。

一方、データ受け渡しファイルの取り込みでは、取込む時に選択している「管理種別・年度」のデータだけが、取込んだファイルの内容に置き換わります。さらに、ファイルに公共施設や道路といった複数の項目が含まれていても、取込む項目を選定して取込むこともできます。（財政データは、管理種別に関係なく上書きされます）

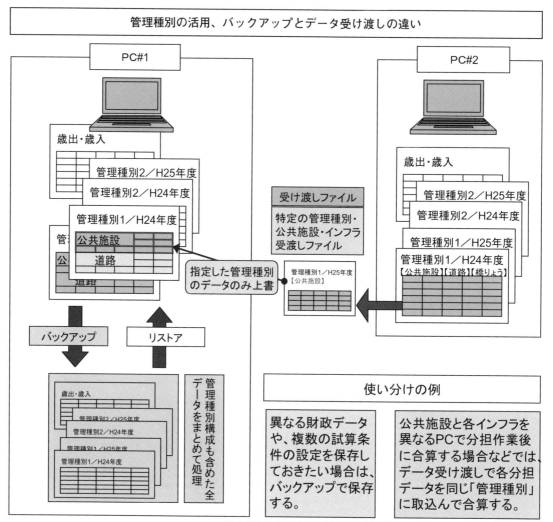

※分割した公共施設一覧を同一管理種別に合算することはできません。

次ページからは、実際の入力・操作例を示しながら、基本的な操作の実際の手順を解説します。

(3) 管理種別の作成

① 「データの取り扱い・設定」の「基本設定・推計条件設定」をクリックし、基本タブの「管理種別」リストボックス（下図①）に、作成する管理種別の名称（例：「学校施設課」）を入力する。

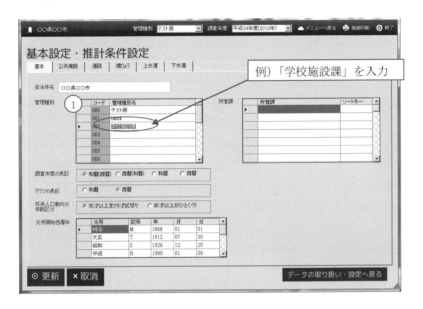

② 更新ボタンをクリック：これで登録は完了です。

※新しく作成した管理種別で操作するには、以下の手順で管理種別を切替えます。
③ 「データの取り扱い・設定」へ戻る。
④ 管理種別を「学校施設課」に切替える（②）。
⑤ 切り替えダイアログ（③）にOKする。
⑥ 既存のデータを使用しない場合は、データの複製ダイアログで「データを複製しない」（④）をクリックします。「入力データを複製する」（⑤）にすると、ダイアログのプルダウン（⑥）で選択した管理種別・調査年度のデータが、新しく作成した管理種別にコピーされます。

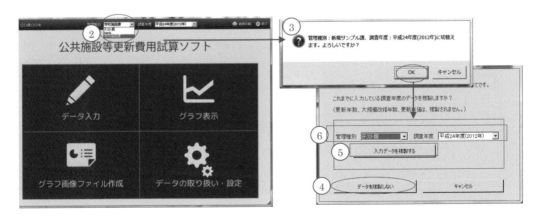

（4）新規データの作成

　財政（歳入・歳出・投資的経費）、公共施設・インフラそれぞれの入力画面にある投資的経費の内訳、及び人口動向については、一般的な表計算ソフトの要領で入力ができます。また、各セルにはExcelから貼付けも可能です。

1）財政・人口データの入力

　財政（歳入・歳出・投資的経費の内訳）は、過去10年間の決算カードから普通会計決算の金額を入力します。

図　各入力画面—（グレイ ■■ の欄は計算値表示欄：入力不可）

人口動向の入力は、総人口・世帯数の年度推移の入力画面と、年齢階級別の過去・現在・将来推計人口の入力画面の2種類があります。

図　人口の入力画面

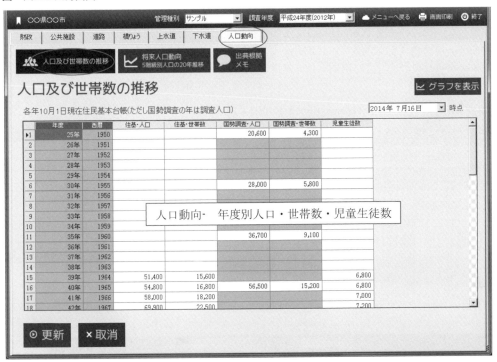

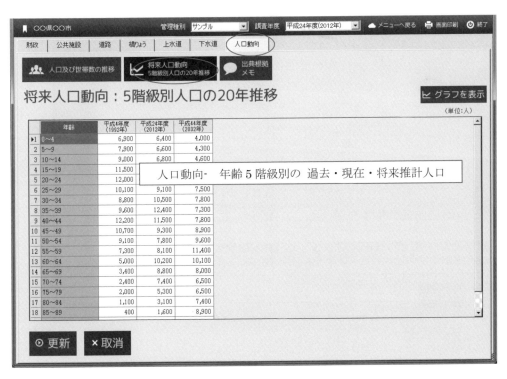

2) 公共施設　施設一覧の入力

① メニュー画面でデータを作成する「管理種別」「調査年度」を選択後、「データ入力」ボタンから入力画面を開いて「公共施設」のタブをクリックし、公共施設一覧の入力画面を開きます。

② 公共施設一覧には、棟（建物）ごとの基本情報を入力します。Excel等からセル単位、行単位、列単位など、任意の範囲で貼り付けることも可能です。

　　その際、列（項目）の順序やデータが適切でないと、データの保存（更新）の際にエラーになります。特に、プルダウン（選択肢）になっている項目は、選択肢と一致する内容である必要があります。（適切でないデータでも貼付けはできますが、更新（保存）できません。）

図　あらかじめExcelで作成したデータを任意の範囲で貼付ける例

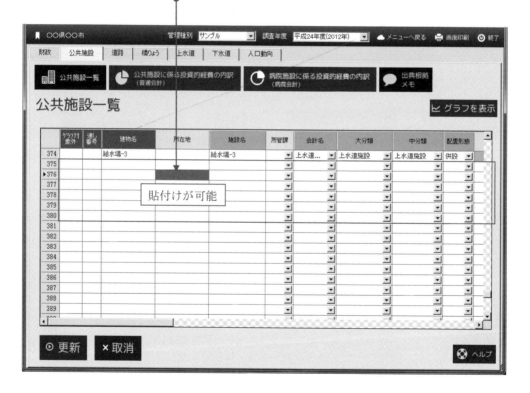

③ メニュー画面でデータを作成する「管理種別」「調査年度」を選択後、「データ入力」ボタンから入力画面を開いて「公共施設」のタブをクリックし、公共施設一覧の入力画面を開きます。
④ 入力が完了後、更新ボタンを押すと、併設施設・複合施設の延床面積の合計がチェックされます。また、代表建築年度が施設内で最も古いものに自動設定されます。

ワンポイントテクニック

入力画面の右クリックメニューに、「表全体のコピー（タイトルを含む）」というメニューがあります。このメニューを実行後、Excel 等に貼付けをすると、入力表全体の内容とともに、項目見出しも含めて貼付けができますので、この貼り付けた項目に従って一覧を作成し、再度 Excel からソフトの入力画面に貼付けることもできます。

貼り付けた項目見出しに合せて作成すれば、そのまま貼り戻せる

■**注意事項（次ページ図参照）**

※項目タイトルがオレンジ（ダウンロード画面ではオレンジ。本書では ■ の部分。以下同じ）の列（上図太枠の項目）、及び建物総延床面積・敷地面積（単独施設及び併設・複合施設の代表行）は入力必須です。また、建築年月日は空欄でも登録できますが、その建物の更新費用は計上されません。

第Ⅱ章 更新費用試算ソフトの概要　47

■配置形態と制約事項

※併設施設：複数の棟で構成される施設。各棟の施設名を同一にします。例）学校・公営住宅等
※複合施設：1建物を複数の分類（施設）で共用するもの。各施設の建物名を同一にします。
　　例）1階が支所、2階が図書館等。
※これらの施設は、各棟（施設）ごとの情報行と、施設全体を代表する行の入力が必要。代表行には、構成要素（棟、施設）の延床面積の合計や、建築年度の最も古い年度を代表建築年として表示します。

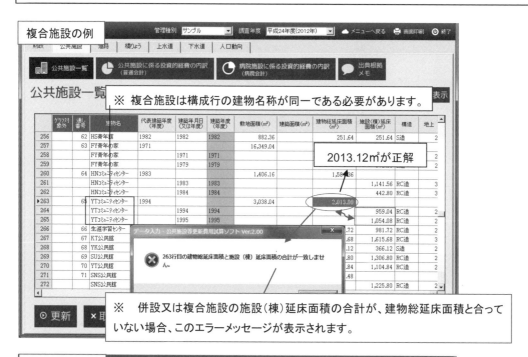

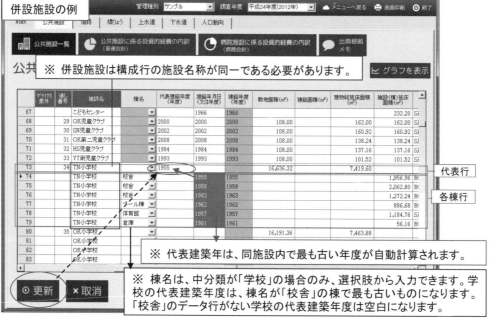

■その他入力欄等の補足説明

入力欄ごとの補足・注意事項

右クリックメニュー

3）更新費用の試算と比較する投資的経費の入力

公共施設や、道路、橋りょう、上・下水道それぞれの、直近5年間にかかっている投資的経費の内訳を、公共施設、各インフラの入力画面にある入力ボタンから開く画面で入力します。

> ※注：ここでいう投資的経費は、財政タブにある投資的経費とは別に入力します。財政タブにある投資的経費は、歳出（普通会計決算）の内訳として把握するためのものですが、ここで入力するのは、公共施設、道路等各インフラ資産の将来の更新費用に対し、それぞれの直近5年間にかけてきた実績値としての経費を比較するためのものです。

図 公共施設、各インフラ資産ごとの投資的経費の入力（下図は公共施設の例）

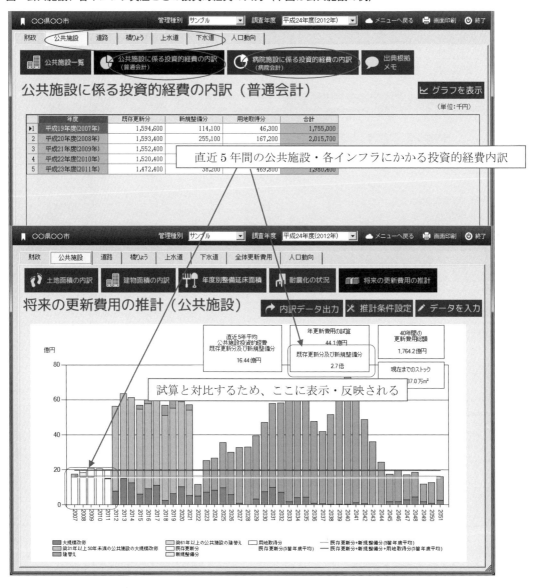

50

4) 道路データの入力

※道路では、＜総面積＞、＜分類別面積＞の2種類の入出力精度があります。

※各入力精度はそれぞれ独立しており、いずれか1つの精度に入力すれば試算ができます。（全ての精度に入力することも可。）また、グラフ表示の精度切替えで、各精度ごとの異なるグラフを表示できます。（精度間で総量が異なる場合は、単純な比較はできませんのでご注意下さい。）

＜総面積＞
① メニュー画面でデータを入力する管理種別・調査年度を確認後、データ入力を選択、道路タブを開き、画面左上の入力精度で＜総面積＞を選択します。
② 各入力欄にデータを入力するか、Excel等から貼り付けます。
③ 「グラフを表示」ボタンで入力値を反映したグラフがすぐ確認できます。

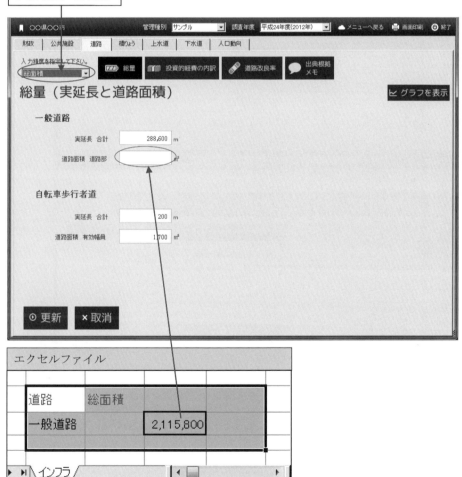

※＜分類別面積＞は、国道、県道など、更新単価の異なる道路種別ごとの面積を入力することで、より高い精度で試算を行うものです。

＜分類別面積＞
① メニュー画面でデータを入力する管理種別・調査年度を確認後、データ入力を選択、道路タブを開き、画面左上の入力精度で＜分類別面積＞を選択します。
② 各入力欄にデータを入力するか、Excel等から貼り付けます。
③ 「グラフを表示」ボタンで入力値を反映したグラフがすぐ確認できます。

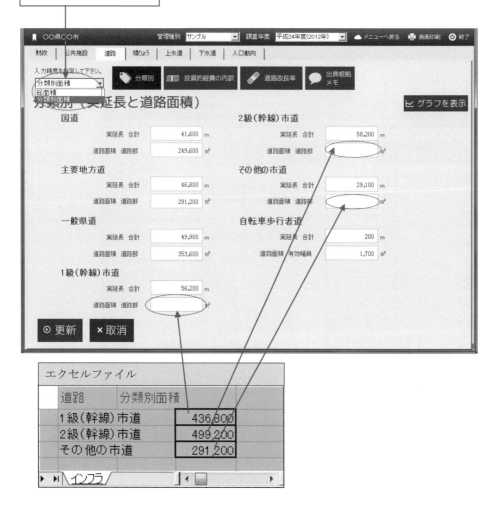

5) 橋りょうデータの入力

※橋りょうでは、＜総面積＞、＜構造別年度別面積＞の2種類の入出力精度があります。

※各入力精度はそれぞれ独立しており、いずれか1つの精度に入力すれば試算ができます。（全ての精度に入力することも可。）また、グラフ表示の精度切替えで、各精度ごとの異なるグラフを表示できます。（精度間で総量が異なる場合は、単純な比較はできませんのでご注意下さい。）

＜総面積＞
① メニュー画面でデータを入力する管理種別・調査年度を確認後、データ入力を選択、橋りょうタブを開き、画面左上の入力精度で＜総面積＞を選択します。
② 各入力欄にデータを入力するか、Excel等から貼り付けます。
③ 「グラフを表示」ボタンで入力値を反映したグラフがすぐ確認できます。
④ ＜構造別年度別面積＞も下図を参考に、同様の操作をします。

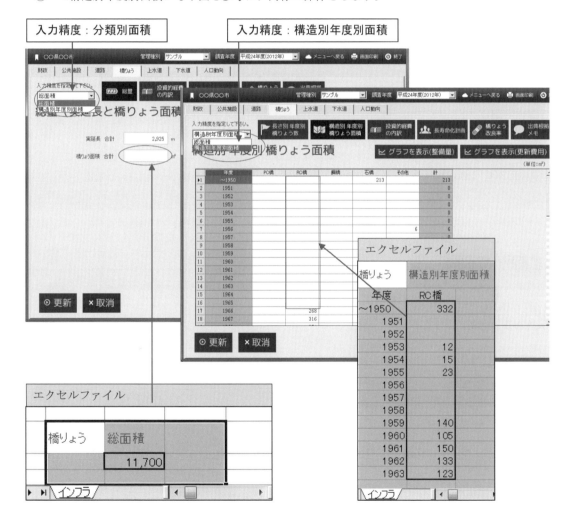

6) 上水道データの入力

※上水道では、＜管径別延長＞、＜管径別年度別延長＞の2種類の入出力精度があります。

入力方法は道路、橋りょうに準じます。

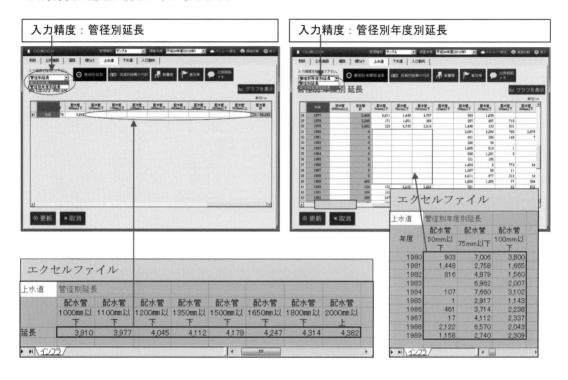

7) 下水道データの入力

※下水道では、＜総延長＞、＜管種別延長＞、＜管種別年度別延長＞、＜管径別延長＞、＜管径別年度別＞の5種類の入出力精度があります。

入力方法は道路、橋りょうに準じます。

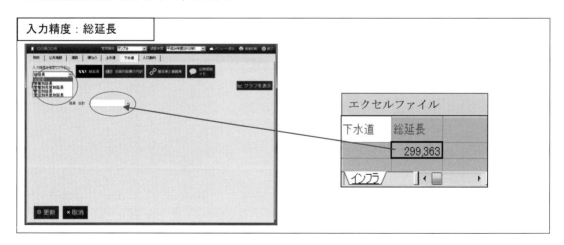

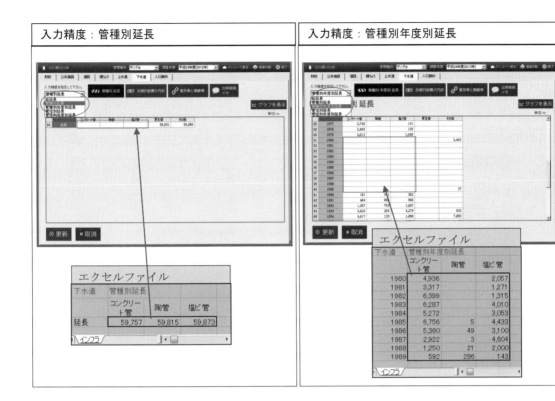
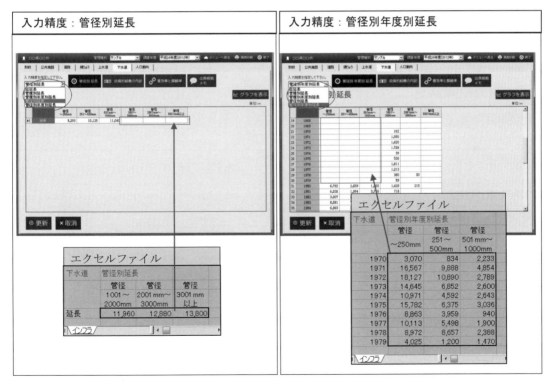

第Ⅱ章　更新費用試算ソフトの概要　55

(5) 新年度データ更新

前年度のデータを複製して新年度データに更新していく方法

① トップメニューで、前年度のデータを表示した状態から、調査年度を次年度（新年度）に切替えます。
② 表示切替確認ダイアログをOKにすると、データの複製ダイアログが表示されるので、コピー元の管理種別、調査年度を確認し、「入力データを複製する」ボタンをクリックします。
（この段階でコピー元を切替えることもできます）

③ データ入力ボタンで入力画面を開き、財政の直近年度入力欄が空欄で追加されているのを確認し、歳入・歳出・投資的経費とも同様に新年度のデータを入力します。
④ 公共施設・各インフラそれぞれのデータを新年度の内容に更新・修正します。
⑤ 「調査年度」を切替えることで、前年度と新年度のグラフを比べられます。

図 各画面の編集イメージ

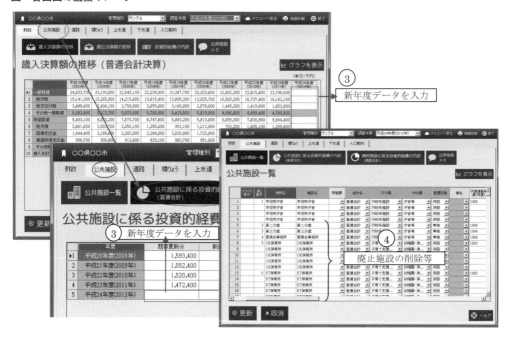

図 データ更新後に、各グラフを比較するイメージ

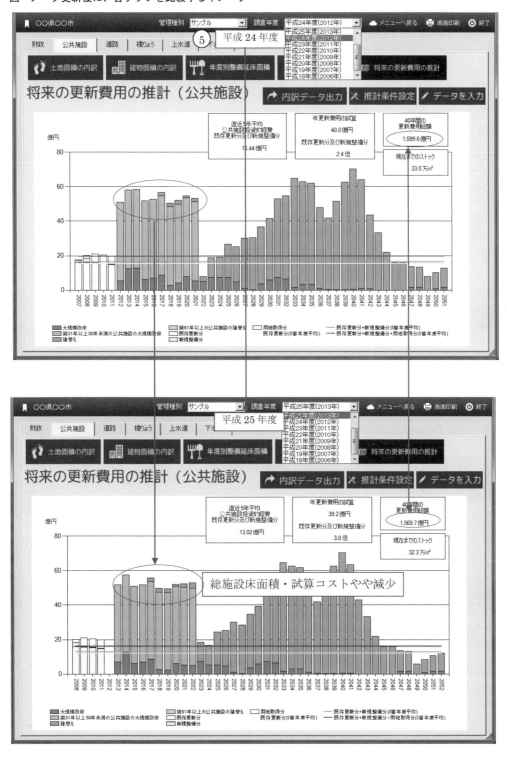

(6) 他のPCとのデータ交換

1) 受渡しデータの作成

他のPCに渡すデータをファイルとして出力します。

① トップメニューから「データの取り扱い・設定」／「データ受渡しファイルの作成」の順にボタンをクリックして画面を開きます。
② 他のPCに渡すデータが保存されている管理種別・調査年度に切替えます。
③ 画面中ほどの「1.作成するデータ受け渡しファイルを選択してください」とある下の入力ボックス右の参照ボタン（下図①）をクリックするとフォルダの指定ダイアログが開くので、受渡しファイルを作成するフォルダを選択し、ファイル名入力欄に任意のファイル名を入力します。ファイルの種類は「CSV」で固定です。
※ここで既存のファイル名を入力（選択）すると、そのファイルが上書きされます。
④ 「2.作成するデータをチェックして下さい（複数可）」とある下部のチェックボックス（下図②）で、受渡しファイルに含めるデータの種類にチェックを入れてください。。
⑤ 作成ボタンで実行します。

図 受渡しデータの作成画面

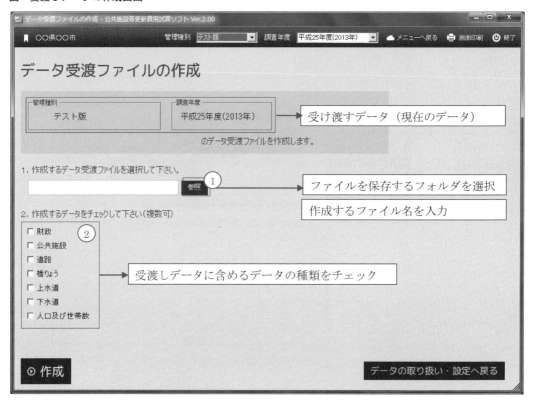

2）受渡しデータの取込み

他のPCで作成した受渡しデータファイルを取込みます。

① メニュー画面で、データを取り込む管理種別・調査年度に切替えます。（下図①）
② データ未登録の管理種別・調査年度に切替えると、下記画面のように管理種別切替えの確認ダイアログ（②）に続いて、指定した管理種別・調査年度のデータを複製するか確認するダイアログ（③）が出ますので、既存データに受渡しデータを追加したい場合は、「入力データを複製する」（④）を選択してください。それ以外は「データを複製しない」（⑤）を選択してください。

※受渡しデータの作成時にチェックを入れた「データの種類」（前ページ図中の②）が異なるデータは、上記手順で既存データと統合できます。「データの種類」が同じデータ同士は上書きされるので合算はできません。
　例）公共施設とインフラを別PCで作成、後で1台のPCの同じ管理種別・調査年度に統合する
なお、財政データは必ず上書きになります。（1PCに登録できる財政データは1種類のみ）

③ トップメニューから「データの取り扱い・設定」／「データ受け渡しファイルからの取込み」で画面を開き、「1.取り込むデータ受け渡しファイルを選択してください」下部の入力ボックスで、取り込むデータ受け渡しファイルを指定します。
　ファイルの指定は、入力ボックス右の「参照」ボタン（下図①）で開くファイル指定ダイアログで選択できます。
④ ファイルを選択すると、「2.取込むデータをチェックして下さい」の下部に、ファイルに含まれるデータの種類（②）にチェックが入りますので、取り込む「データの種類」以外のチェックをはずして取込ボタン（③）を押します。

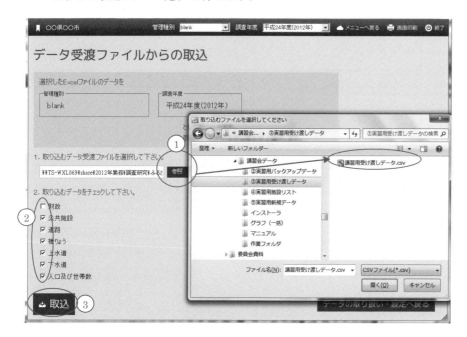

※受渡しファイルは、同じPCで作成したファイルも取込めます。従って、管理種別や「データの種類」単位のデータのバックアップにも利用できます。（本ソフトのバックアップ・リストア機能は、ソフトのデータ・設定全体を一括して保存・復元するもので、部分的なバックアップなどでは受渡しファイルを用途に応じて使い分けすることをお勧めします。バックアップ・リストアの操作方法は、ソフトに同梱の操作マニュアルを参照してください。）

※受渡しファイルやCSVファイル出力など、本ソフトのファイル入出力機能は全て専用フォーマットです。独自に作成したExcelファイルなどは取込めませんのであらかじめご承知おきください。

4　入出力とグラフの読み方

以下では更新費用試算ソフトの入力画面と出力（グラフ）の対応関係を示し、実際に出力されたグラフからどのような情報を読み取ることができるか、その具体例を解説していきます。

（1）入力と出力

公共施設及びインフラの入力画面と、対応する主要な出力結果グラフの一覧を以下に示します。入力情報には共通情報として、過去10年間の歳入・歳出・投資的経費内訳、総人口及び年齢階層別人口があります。その他に公共施設・インフラそれぞれの情報を入力します。これに対応して公共施設・各インフラそれぞれの築年度別保有量と、将来の更新費用の推計をグラフ化して表示します。

図　公共施設の入力と出力

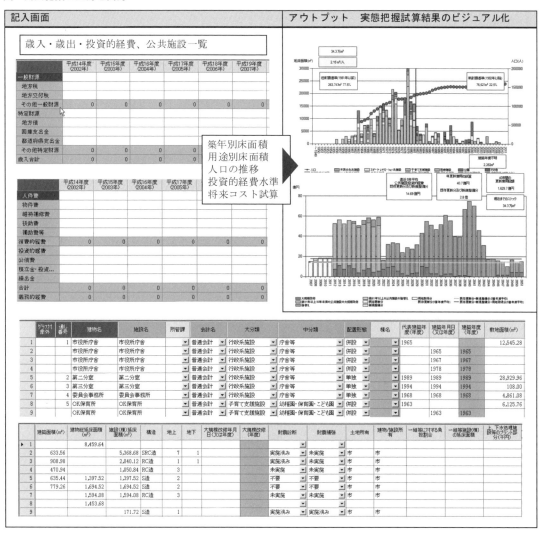

図 インフラ資産の入力と出力

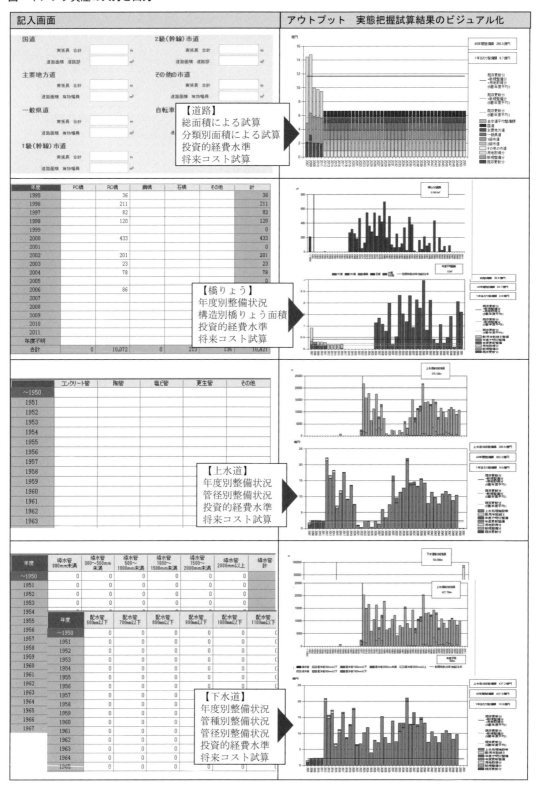

(2) 入力例と出力画面及びグラフの読み取り方

次ページ以降では、実際に入力欄に入力した画面と、これに対応して出力されるグラフの例を示します。次にこの出力されたグラフから公共施設等の実態を把握する上で、どのような情報が読み取れるか、具体的に例示していきます。さらに、第Ⅲ章の公共施設マネジメント白書の活用事例、及び巻末資料の「まちづくりのための公的不動産（PRE）有効活用ガイドライン」に関連する記述があるものは、それぞれの関連ページを下記アイコンで示します。

公共施設白書 P106　　総人口の推移	PRE有効活用ガイドライン P190　　都市の社会経済状況の把握　①人口動態
基本方針 P96	

関連情報参照ページ
本編
・公共施設マネジメント白書：
　＜第Ⅲ章3＞
・公共施設マネジメント基本方針
　＜第Ⅲ章2＞

関連情報参照ページ
まちづくりのための公的不動産（PRE）
有効活用ガイドライン
　＜参考資料-3＞

人口及び世帯数の推移

入力

	年度	西暦	住基・人口	住基・世帯数	国勢調査・人口	国勢調査・世帯数	児童生徒数
40	平成元年	1989	128,400	45,100			15,800
41	2年	1990	129,700	46,400	131,800	47,400	15,100
42	3年	1991	130,600	47,300			14,700
43	4年	1992	131,300	48,100			14,100
44	5年	1993	132,000	48,900			13,700
45	6年	1994	131,700	49,300			13,000
46	7年	1995	131,200	49,600	133,000	50,600	12,400
47	8年	1996	131,400	50,100			11,900
48	9年	1997	131,100	50,600			11,500
49	10年	1998	131,200	51,200			11,100
50	11年	1999	131,900	51,900			10,800
51	12年	2000	132,200	52,500	134,000	53,300	10,500
52	13年	2001	132,900	53,400			10,500
53	14年	2002	134,000	54,400			10,500
54	15年	2003	135,100	55,300			10,600
55	16年	2004	136,200	56,200			10,700
56	17年	2005	136,700	56,800	138,100	56,500	11,000

出力

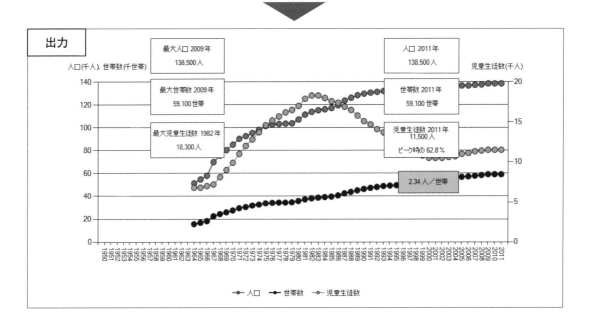

公共施設白書 P106	総人口の推移	PRE有効活用 P190	都市の社会経済状況
基本方針 P99		ガイドライン	の把握 ①人口動態

> **グラフの読み方**
>
> 実態把握では、まず最初に自治体全体の概要状況として、人口動態を把握します。
> 　左図は「人口及び世帯数の推移」の入力例と出力された人口推移のグラフです。下図は白書等に掲載するため、ソフトから出力されたグラフを元に補足情報や解説などを加えて作成したものです。人口規模のほか人口増加の度合いやピーク、推移の傾向がわかります。児童生徒数についても同様です。
> 　下図の例では、昭和45年頃から急激に増加していること、現在時点でまだ増加傾向にあることが読み取れます。これはこの期間に公共施設の需要が急増していることの裏づけとなります。一方で、児童生徒数は横ばいまたは減少傾向で、学校施設に関しては今後余剰が生じてくるなどの需要予測に繋がります。これらの傾向を後述する年度別の施設整備状況と合せてみることで、公共施設の需要と供給のバランスを検証します。
> 　さらにこの過去の推移に将来推計を加えることで、今後の公共施設の需要予測から整備方針へつなげることができます。
> 　なお、下図では補足情報として、市町村合併の時期を重ねています。人口の変動要因になるようなこのようなイベントを記載することで、説得力のある実態把握を実施します。
>
>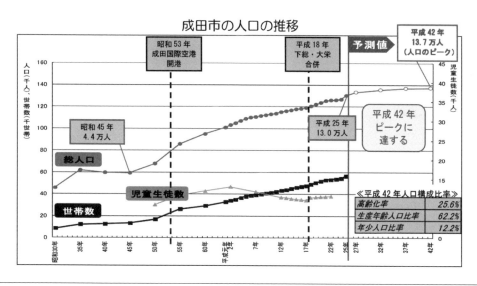

出典：成田市公共施設白書　概要版

5 階級別将来人口動向

入力

	年齢	平成4年度 (1992年)	平成24年度 (2012年)	平成44年度 (2032年)
▶1	0〜4	6,900	6,400	4,000
2	5〜9	7,900	6,600	4,300
3	10〜14	9,000	6,800	4,600
4	15〜19	11,500	6,300	5,300
5	20〜24	12,000	7,500	7,000
6	25〜29	10,100	9,100	7,500
7	30〜34	8,800	10,500	7,800
8	35〜39	9,600	12,400	7,300
9	40〜44	12,200	11,500	7,800
10	45〜49	10,700	9,300	8,900
11	50〜54	9,100	7,800	9,600
12	55〜59	7,300	8,100	11,400
13	60〜64	5,000	10,200	10,100
14	65〜69	3,400	8,800	8,000
15	70〜74	2,400	7,400	6,500
16	75〜79	2,000	5,300	6,500
17	80〜84	1,100	3,100	7,400
18	85〜89	400	1,600	8,900
19	90〜94	100	600	0

出力

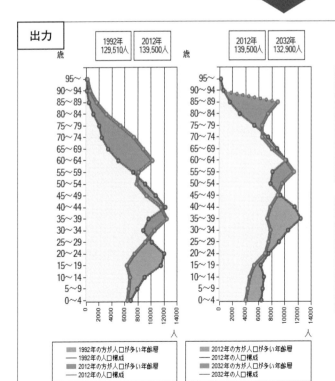

| 公共施設白書 P107 基本方針 P99 | 地域別人口構造の推移と将来推計 | PRE有効活用ガイドライン P190 | 都市の社会経済状況の把握 ①人口動態 |

グラフの読み方

　5階級別将来人口動向では、人口の年齢構成が過去から現在、現在から未来に移るにつれ、どのように変化していくかを把握します。特に年少人口、生産年齢人口、高齢者人口のそれぞれの割合の変化を見ていくことで、各年齢層と密接に関係する施設の需要と供給のバランス把握につなげます。とりわけ年少人口と学校・子育て系施設、高齢者人口と高齢者福祉施設といった関連の深い施設の整備状況の分析などは、将来の整備計画を左右する情報となります。

　また、生産年齢人口の変化は、後述する財政状況の中でも税収に直結する情報であり、将来の財政状況を考える上で非常に重要な要素になります。

　これら人口の年齢構成のこれまでの動きと今後の予測から、現状の施設整備の妥当性評価と将来計画のあり方を見極めていきます。

　下図の例では、これまで各年齢階層で増加してきた人口が、今後総人口でも大幅に減少していくことの他、高齢者人口が増加する一方で年少・生産年齢人口は急激に減少するといった急速な少子高齢化の傾向を読み取れることを示しています。

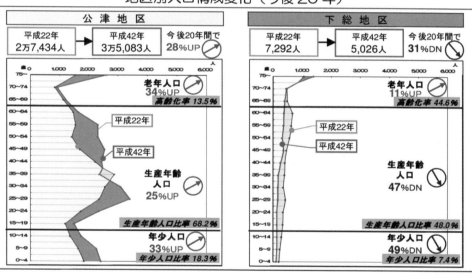

出典：成田市公共施設白書　概要版

歳入

入力

	平成14年度 (2002年)	平成15年度 (2003年)	平成16年度 (2004年)	平成17年度 (2005年)	平成18年度 (2006年)	平成19年度 (2007年)
一般財源	23,626,500	24,033,700	23,193,800	22,545,100	22,239,900	23,387,700
地方税	15,005,400	15,141,300	15,265,000	14,215,600	13,815,400	13,805,300
地方交付税	3,941,100	3,499,600	2,806,100	2,759,500	2,655,600	3,166,900
その他一般財源	4,680,000	5,392,800	5,122,700	5,570,000	5,768,900	6,415,500
特定財源	6,894,700	8,403,100	8,093,200	7,570,700	6,747,800	5,883,200
地方債	1,753,200	2,861,600	2,503,700	2,050,100	1,255,600	952,100
国庫支出金	1,785,700	1,944,400	2,189,600	2,202,000	2,204,000	2,030,900
都道府県支出金	883,500	996,700	900,800	912,600	825,100	883,700
その他特定財源	2,472,300	2,600,400	2,499,100	2,406,000	2,463,100	2,016,500
歳入合計	30,521,200	32,436,800	31,287,000	30,115,800	28,987,700	29,270,900

出力

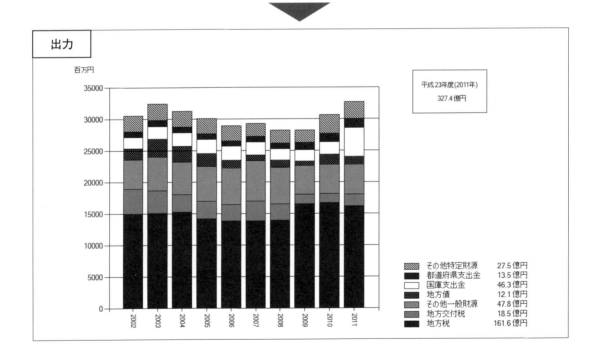

| 公共施設白書 P109 | 財政面からの課題抽出（歳入） | PRE有効活用ガイドライン P191 | 都市の社会経済状況の把握③財政状況の整理 |
| 基本方針 P100 | | | |

グラフの読み方

ここでは財政状況のうち歳入の推移を把握する例を示します。

歳入の推移では財政規模の変動傾向のほか、市税収入の割合など、自治体で自由に使える一般財源の状況がどのような傾向で推移してきたかといったことが把握できます。

これは、今後集中的に改修時期を迎えることが想定される公共施設等の、更新や整備にあてられる財源を確保していけるのか検討が求められる中で、把握しておかなければならない重要な情報の一つと言えます。

下図の例では、歳入総額としては増加傾向にあり、一般財源の比率自体も一定程度はあるものの、その推移を見ると横ばいもしくは減少傾向にあるとも読み取れ、今後、一般財源の大幅な増加は見込めないであろうことがうかがえます。

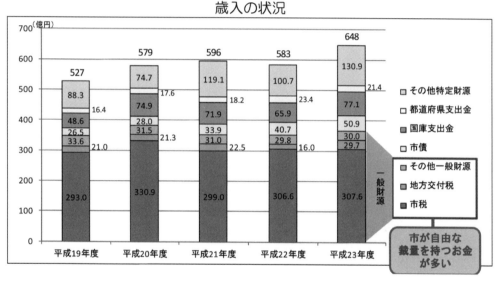

出典：成田市公共施設白書　概要版

歳出

入力

	平成14年度 (2002年)	平成15年度 (2003年)	平成16年度 (2004年)	平成17年度 (2005年)	平成18年度 (2006年)	平成19年度 (2007年)
人件費	7,201,900	7,082,900	7,064,300	6,893,900	6,974,300	6,845,400
物件費	3,387,900	3,372,800	3,435,800	3,340,000	3,372,300	3,204,500
維持補修費	144,000	132,700	103,400	93,900	58,700	62,600
扶助費	2,497,700	2,695,100	3,017,800	3,298,000	3,645,400	3,569,500
補助費等	4,872,800	5,236,200	5,410,700	5,337,900	5,211,800	5,188,200
消費的経費	18,104,300	18,519,700	19,032,000	18,963,700	19,262,500	18,870,200
投資的経費	4,190,000	5,125,000	4,217,900	2,751,500	1,655,200	1,846,900
公債費	3,154,700	3,283,800	3,285,300	3,355,200	3,469,300	3,525,500
積立金・投資…	1,509,900	2,033,700	1,757,200	1,751,100	1,768,300	1,439,200
繰出金	2,331,400	2,528,300	2,558,400	2,660,800	2,473,400	2,775,700
合計	29,290,300	31,490,500	30,850,800	29,482,300	28,628,700	28,457,500
義務的経費	12,854,300	13,061,800	13,367,400	13,547,100	14,089,000	13,940,400

出力

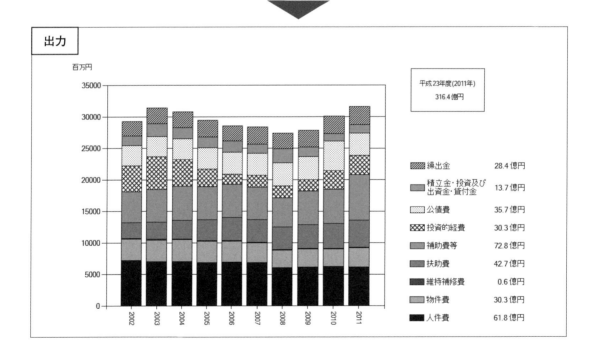

| 公共施設白書 P110 | 財政面からの課 | PRE有効活用 P191 | 都市の社会経済状況の |
| 基本方針 P100 | 題抽出（歳出） | ガイドライン | 把握③財政状況の整理 |

グラフの読み方

次に財政状況のうち歳出の推移を把握する例を示します。

歳入の推移では、まず義務的経費の推移に注目します。特に高齢化の進行に伴う扶助費の急激な増加が読み取れ、人口推計からも今後さらに急激に増加していくことが見込まれ、財政状況を圧迫する要因となることが予測できます。

一方、公共施設等の整備や維持にかかる支出に直結する投資的経費の推移も注目点です。下図の例では扶助費の増加とともに投資的経費も大きく増加しており、公共施設等の整備にかける費用も増加していることが考えられます。詳しい内容については次項の投資的経費の内訳で見ていきます。

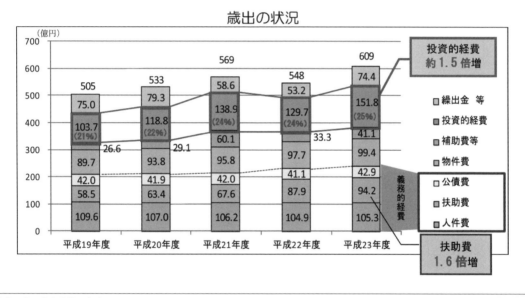

出典：成田市公共施設白書　概要版

投資的経費

入力

	平成18年度 (2006年)	平成19年度 (2007年)	平成20年度 (2008年)	平成21年度 (2009年)	平成22年度 (2010年)	平成23年度 (2011年)
投資的経費	1,655,200	1,846,900	1,888,300	1,790,500	2,977,700	3,029,800
公共施設に係る投資的経費		603,400	598,500	550,400	608,500	1,930,400
道路及び橋りょうに係る投...		227,100	193,000	160,200	178,000	200,200
公共施設、道路及び橋り...		1,010,800	1,081,700	1,058,900	2,189,400	889,000
その他	1,655,200	5,600	15,100	21,000	1,800	10,200

出力

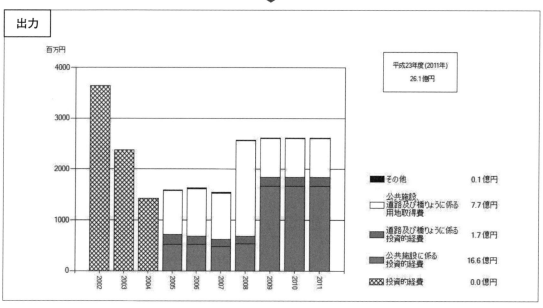

| 公共施設白書 P110・113 | 公共施設の更新 | PRE有効活用 P199 | 将来の維持・更新コスト |
| 基本方針 P101 | 費用推計 | ガイドライン | の推計／投資的経費推移 |

グラフの読み方

　ここでは、これまでの投資的経費の使途（道路・橋梁等のインフラ整備、用地の取得、学校施設の増築などの新規整備事業、公共施設等の既存更新費用等）に関する現状を把握し、今後の施設維持更新にかけられる費用水準の予測につなげます。

　下図の例ではここ数年、公共施設の新規整備が大幅に増加していることがわかります。一方で、既存の更新にかかる費用は減少しています。また、以前は投資的経費の中で大きな比率を占めていたインフラの整備の比率は減少しています。

　これらの実態と、後述する既存施設の更新費用、とりわけ近年その老朽化が問題視されているインフラの更新などの事情を合せ、現状の投資的経費の水準が、将来の必要量に見合うものか検証するためにも、ここでの実態把握が重要になってくると言えます。

これまでの投資的経費

（億円）

道路・橋梁等の整備中心　｜　公共施設の新規整備の増加

年度	用地取得費	道路・橋梁等に係る投資的経費	公共施設に係る投資的経費（新規投資分）	公共施設に係る投資的経費（既存更新分）	公共施設にかかる投資的経費	合計
平成18年度	38.3	61.6	9.6	26.9	11.5	109.5
平成19年度	20.4	68.6	14.8	17.5	2.9	103.7
平成20年度	31.8	70.9	16.1	17.7	14.1	118.8
平成21年度	41.2	85.8	11.9	25.4	15.7	138.9
平成22年度	63.6	43.5	22.6	26.8	36.8	129.7
平成23年度	85.4	45.8	20.7	14.9	70.5	151.8

※新規投資分／既存更新分

・新清掃工場整備事業
・JR・京成成田駅中央口地区整備事業
・公津の杜小学校増築事業
　（児童生徒数増加に伴う増築）

出典：成田市公共施設白書　概要版

公共施設一覧

入力

建物名	所在地	施設名	所管課	会計名	大分類
市役所庁舎	SN2丁目2番2号	市役所庁舎	▼	普通会計 ▼	行政系施設 ▼
市役所庁舎		市役所庁舎	▼	普通会計 ▼	行政系施設 ▼
市役所庁舎		市役所庁舎	▼	普通会計 ▼	行政系施設 ▼
市役所庁舎		市役所庁舎	▼	普通会計 ▼	行政系施設 ▼
第二分室	SN1丁目2番35号	第二分室	▼	普通会計 ▼	行政系施設 ▼
第三分室	SN1丁目2番36号	第三分室	▼	普通会計 ▼	行政系施設 ▼
委員会事務所	SN1丁目2番22号	委員会事務所	▼	普通会計 ▼	行政系施設 ▼
OK保育所	IC2丁目1番2号	OK保育所	▼	普通会計 ▼	子育て支援... ▼
OK保育所		OK保育所	▼	普通会計 ▼	子育て支援... ▼

建築面積(m²)	建物総延床面積(m²)	施設(棟)延床面積(m²)	構造	地上	地下	大規模改修年月日(又は年度)	大規模改修(年度)
	8,459.64						
633.56		5,368.68	SRC造	7	1		
908.98		2,040.12	RC造	1	1		
470.94		1,050.84	RC造	3			
635.44	1,397.52	1,397.52	S造	2			
779.26	1,694.52	1,694.52	S造	2			
	1,594.08	1,594.08	RC造	3			
	1,453.68						
		171.72	S造	1			

出力（次ページ以降参照）

公共施設一覧は、入力表であるとともに出力としても活用します。複数棟からなる施設の建物構成や複合化の状況がわかることや、建物別に集計することで決算書巻末資料にも利用できます。

中分類	配置形態	棟名	代表建築年度（年度）	建築年月日（又は年度）	建築年度（年度）	敷地面積(㎡)
庁舎等 ▼	併設 ▼	▼	1965			12,545.28
庁舎等 ▼	併設 ▼	▼		1965	1965	
庁舎等 ▼	併設 ▼	▼		1967	1967	
庁舎等 ▼	併設 ▼	▼		1978	1978	
庁舎等 ▼	単独 ▼	▼	1989	1989	1989	28,929.96
庁舎等 ▼	単独 ▼	▼	1994	1994	1994	108.00
庁舎等 ▼	単独 ▼	▼	1968	1968	1968	4,861.08
幼稚園・保… ▼	併設 ▼	▼	1963			6,125.76
幼稚園・保… ▼	併設 ▼	▼		1963	1963	

耐震診断	耐震補強	土地所有	建物/施設所有	一組等に対する負担割合	一組等施設(棟)の延床面積	上、下水処理施設等のプラント部分(千円)
▼	▼					
実施済み ▼	未実施 ▼	市	市			
実施済み ▼	未実施 ▼	市	市			
未実施 ▼	未実施 ▼	市	市			
不要 ▼	不要 ▼	市	市			
不要 ▼	不要 ▼	市	市			
未実施 ▼	未実施 ▼	市	市			
▼	▼					
実施済み ▼	実施済み ▼	市	市			

出力（次ページ以降参照）

土地・建物保有状況

入力

出力

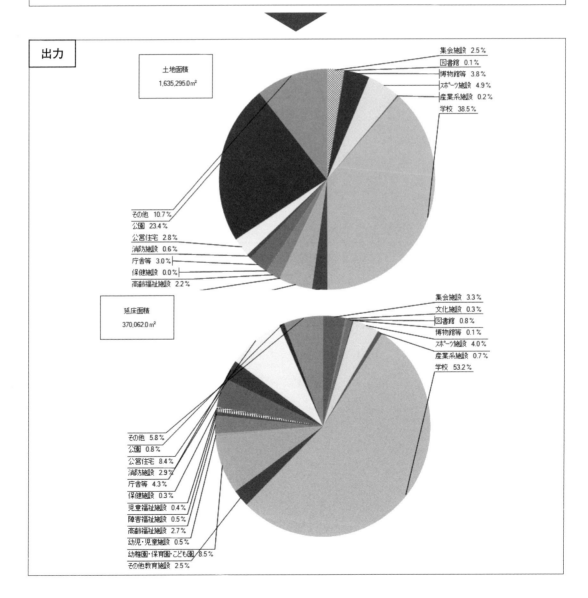

公共施設白書 P111	建物延床面積の内訳	PRE有効活用ガイドライン P197	PREの保有状況の把握
基本方針 P97			

グラフの読み方

ここでは、自治体が保有する公共施設の土地、建物の分類別の比率及び総量を表示します。下図の例では、建物の内訳のうち、学校施設が50%を占めることがわかり、課題対策や改善を考える場合に、学校を中心として重点的な対応を進めることが緊急でありかつ効果的でもあるといった、対象を絞り込んだ実効性のある対策検討に役立つことが期待できます。

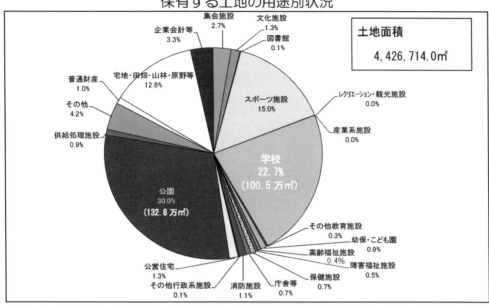

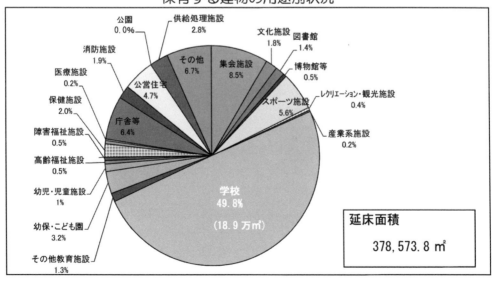

出典：成田市公共施設白書　概要版

第Ⅱ章　更新費用試算ソフトの概要

築年別整備状況

入力

出力

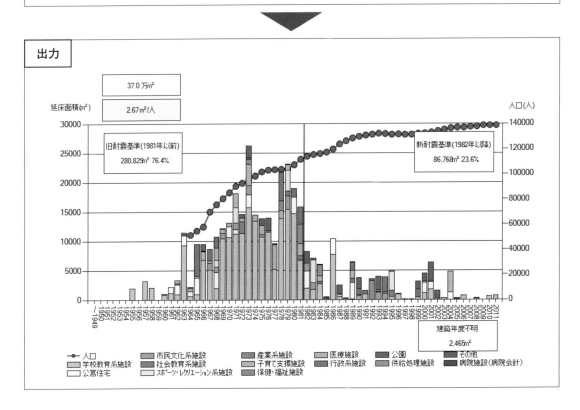

公共施設白書 P112	築年別整備状況	PRE有効活用 ガイドライン P198	PREの保有状況の把握／築年別保有量
基本方針 P98			

グラフの読み方

　築年別整備状況の把握では、人口推移と年代ごとの施設整備量の関係から施設整備の背景を把握します。また、施設総保有量の水準、施設整備のピークと直近の傾向、分類別の整備状況などが把握でき、将来の更新集中時期の予測にまでつながります。

　下図の例では、人口が増加し始めた昭和46年から平成3年まで、施設整備が集中していること、さらに平成3年以降も施設整備が継続して行われていることがわかります。昭和46年以降の建設のピーク時に建てられた建物は、現在では築20年以上を経過しており、今後、老朽化対策が必要な施設が急激に増加するとともに、その後も継続的に更新対策の必要な施設が生じてくると見込まれることがわかります。

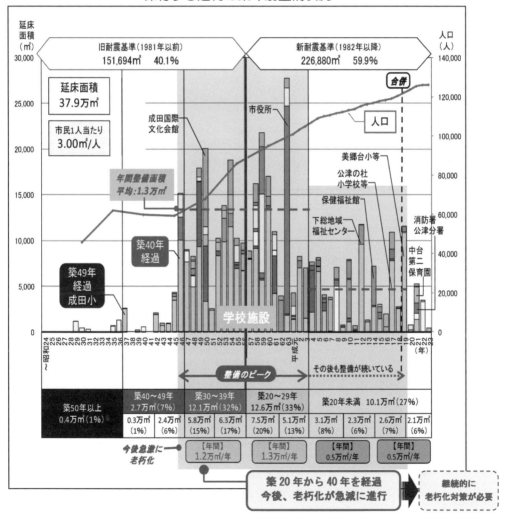

出典：成田市公共施設白書　概要版

更新費用試算

入力

年度	既存更新分	新規整備分	用地取得分	合計
平成19年度(2007年)	1,594,600	114,100	46,300	1,755,000
平成20年度(2008年)	1,593,400	255,100	167,200	2,015,700
平成21年度(2009年)	1,552,400	40,200	495,300	2,087,900
平成22年度(2010年)	1,520,400	39,400	485,100	2,044,900
平成23年度(2011年)	1,472,400	38,200	469,800	1,980,400

出力

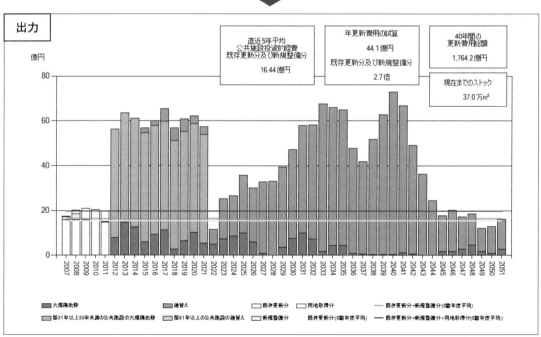

直近5年平均 公共施設投資的経費 既存更新分及び新規整備分 16.44億円

年更新費用の試算 44.1億円 既存更新分及び新規整備分 2.7倍

40年間の更新費用総額 1,764.2億円

現在までのストック 37.0万m²

| 公共施設白書　P113 | 今後の維持・更新 | PRE有効活用 | 将来の維持・更新コスト |
| 基本方針　　　P101 | コストの試算 | ガイドライン　P199 | の推計 |

グラフの読み方

　更新費用の試算では、将来40年間の大規模改修・建替え費用を試算し、年代毎の更新集中の度合いや直近の投資的経費との対比により、現状の施設整備水準を維持できるか予測します。

　下図の例では、平成27年度までは、新規整備を中心とした既存の計画があるため、試算ソフトのアウトプットを加工して新規整備分を加えています。

　平成28年度以降は現状の公共施設の維持・更新を行うとすると、最初の10年間は昭和46～56年に建設した施設の大規模改修が集中します。次に平成42年度以降20年間ほど、建替えが集中することがわかります。この更新費用を40年間試算した結果、直近の投資的経費の既存更新分の平均に対し、3倍もの費用が係ることが読み取れます。

　実際の検討に際しては、この出力グラフには現れていない検討事項として、平成28年度以降の、合併に伴う財政支援の減少や、恒常的な扶助費等の増加、人口減少による税収の減などが挙げられ、これら人口動態や財政制約、ニーズの変化などを含めた総合的な公共施設適正化の検討が必要になります。

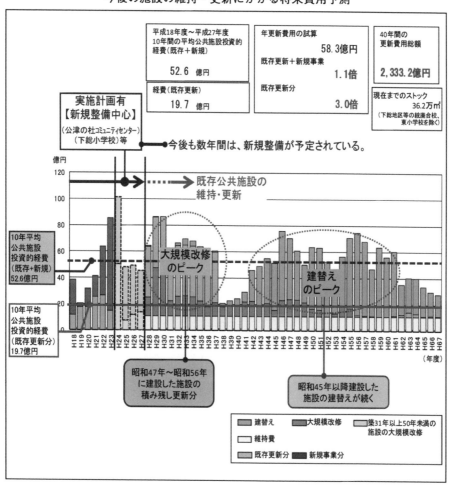

今後の施設の維持・更新にかかる将来費用予測

出典：成田市公共施設白書　概要版

道路　更新費用試算

入力

総量

一般道路

実延長 合計	288,600	m
道路面積 道路部	2,115,800	m²

自転車歩行者道

実延長 合計	200	m
道路面積 有効幅員	1,700	m²

構造別

国道

実延長 合計	41,600	m
道路面積 道路部	249,600	m²

主要地方道

実延長 合計	46,800	m
道路面積 道路部	291,200	m²

一般県道

実延長 合計	49,900	m
道路面積 道路部	353,600	m²

1級(幹線)市道

実延長 合計	56,200	m
道路面積 道路部	436,800	m²

2級(幹線)市道

実延長 合計	58,200	m
道路面積 道路部	499,200	m²

その他の市道

実延長 合計	29,100	m
道路面積 道路部	291,200	m²

自転車歩行者道

実延長 合計	200	m
道路面積 有効幅員	1,700	m²

投資的経費

年度	既存更新分	新規整備分	用地取得分	合計
平成19年度(2007年)	215,800	274,600	957,900	1,448,300
平成20年度(2008年)	317,400	319,900	840,600	1,477,900
平成21年度(2009年)	202,700	383,800	411,000	997,500
平成22年度(2010年)	198,500	375,800	402,500	976,800
平成23年度(2011年)	192,200	364,000	389,800	946,000

出力

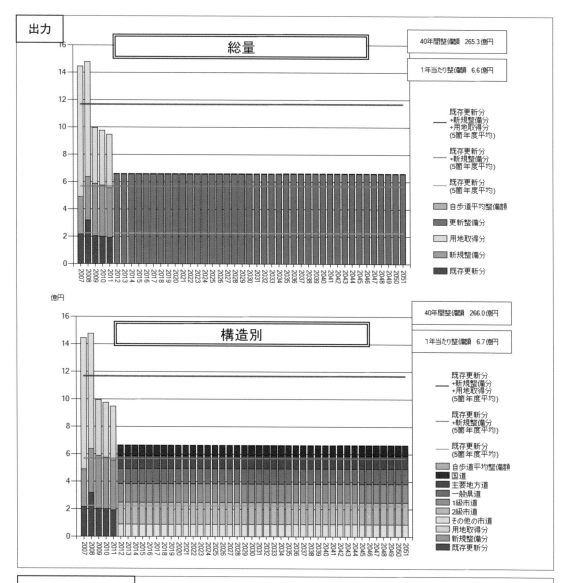

グラフの読み方

調査年から40年の更新費用の総額が265.3億円、年平均で6.6億円となることがわかります。
　また、過去5年分の既存更新分、用地取得分、新規整備分と比較することにより、既存更新分が過去5年の年平均約2億円から、調査年度以降は6.6億円と、3倍も大きくなるため、今後の新規整備や用地取得費用を大幅に抑制することが必要となることがわかります。
　また、道路種別ごとに入力しておくことにより、道路種別毎の更新費用を把握することができ、維持更新の優先順位を検討する際の基礎資料としての活用が可能となります

※上図の例では各入力精度毎のデータ総量が異なるため、異なる入力精度間の単純比較はできません。

橋りょう　更新費用試算

入力

総量

実延長　合計	2,925	m
橋りょう面積　合計	11,700	m²

構造・年度別

年度	PC橋	RC橋	鋼橋	石橋	その他	計
1995		36				36
1996		211				211
1997		82				82
1998		120				120
1999						0
2000		433				433
2001						0
2002		201				201
2003		23				23
2004		78				78
2005						0
2006		86				86
2007						0
2008						0
2009						0
2010						0
2011						0
年度不明						0
合計	0	10,072	0	213	136	10,421

投資的経費

年度	既存更新分	新規整備分	用地取得分	合計
平成19年度(2007年)	19,500	14,800	57,400	91,700
平成20年度(2008年)	21,500	5,900	3,200	30,600
平成21年度(2009年)	12,400	5,400	12,600	30,400
平成22年度(2010年)	12,100	5,300	12,300	29,700
平成23年度(2011年)	11,800	5,100	12,000	28,900

出力

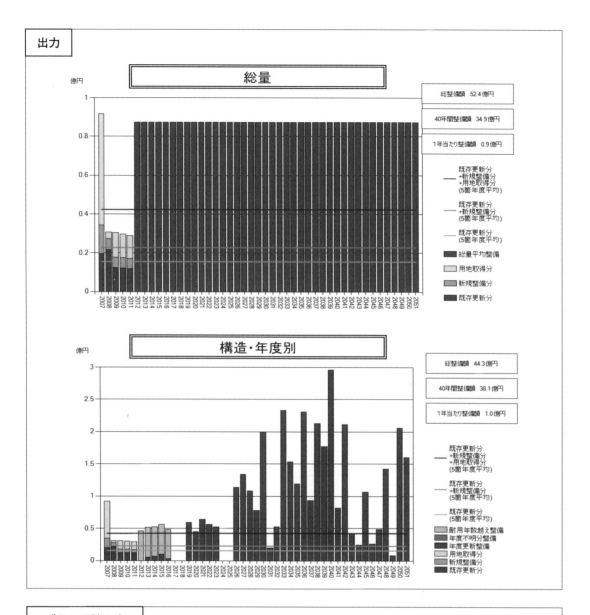

グラフの読み方

　総量による試算からは、調査年から40年の更新費用の総額が52.4億円、年平均で0.9億円となることがわかります。
　しかし、橋りょうは、構築年度からの供用年数により更新費用のピークが推移するため、築造年別で、かつ構造型式別に入力した試算結果を活用する方が望ましいといえます。
　この試算結果では、更新費用のピークが、2030年代に集中することがわかり、このピークに備え、橋りょう長寿命化修繕計画を早期に立案し、この更新費用の総費用の削減と、平準化を実現させる必要性が確認できます。

※上図の例では各入力精度毎のデータ総量が異なるため、異なる入力精度間の単純比較はできません。

上水道　更新費用試算

入力

管径別

	導水管 300mm未満	導水管 300〜500mm未満	導水管 500〜1000mm未満	導水管 1000〜1500mm未満	導水管 1500〜2000mm未満	導水管 2000mm以上	導水管計	送水管 300mm未満
延長	2,764	2,831	2,899	2,966	3,033	3,101	17,594	2,764

管径・年度別

年度	配水管 50mm以下	配水管 75mm以下	配水管 100mm以下	配水管 125mm以下	配水管 150mm以下	配水管 200mm以下	配水管 250mm以下
1993	989	3,620	3,099		2,960	230	
1994	371	3,207	2,358		3,368	719	165
1995	728	11,796	4,168		3,894	82	
1996	2,649	5,120	2,721		1,795	732	
1997	1,898	4,126	3,891		3,908	217	24
1998	1,629	5,215	3,730		1,694	203	
1999	949	4,451	4,409		1,482	88	371
2000	1,471	2,761	2,859		2,932	1,466	88
2001	418	2,639	1,442		1,268	123	347
2002	2,938	3,548	2,451		1,777	18	208
2003	2,095	3,572	1,838		1,408	11	180
2004	773	2,562	1,055		1,356	60	241
2005	1,709	4,790	1,114		1,638	97	371
2006	895	6,766	1,327		1,564	20	581
2007	2,177	8,174	560		46	3	
2008	2,804	3,354	1,417		259	134	198
2009	4,049	5,993	580			85	

投資的経費

年度	既存更新分	新規整備分	用地取得分	合計
平成19年度(2007年)	113,600	70,200	0	183,800
平成20年度(2008年)	223,200	31,000	0	254,200
平成21年度(2009年)	226,200	28,600	0	254,800
平成22年度(2010年)	221,500	28,000	0	249,500
平成23年度(2011年)	214,500	27,100	0	241,600

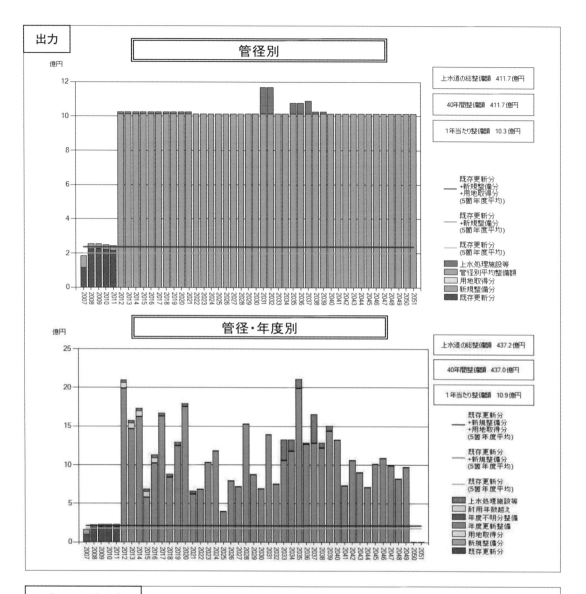

グラフの読み方

総量による試算からは、調査年から40年の更新費用の総額が411.7億円、年平均で10.3億円となることがわかります。

しかし、橋りょうと同様に、上水道も構築年度からの供用年数により更新費用のピークが推移するため、築造年別で、かつ管径別に入力した試算結果を活用する方が望ましいといえます。

この試算結果では、更新費用のピークが、2030年代に集中することがわかり、このピークに備え、上水道の長寿命化計画を早期に立案し、この更新費用の総費用の削減と、平準化を実現させる必要性が確認できます。

※上図の例では各入力精度毎のデータ総量が異なるため、異なる入力精度間の単純比較はできません。

下水道 更新費用試算

入力

総量

延長 合計	299,363 m

管種・年度別

	コンクリート管	陶管	塩ビ管	更生管	その他
1992	1,357	753	1,067		
1993	2,822	295	4,279		632
1994	4,617	129	1,986		7,083
1995	7,364	1,167	6,733		29
1996	10,482	642	8,402		
1997	8,438	1,202	7,779		
1998	7,195	513	13,879		91
1999	6,263		12,698		2,645
2000	3,915		14,548		228
2001	7,067		22,501		2,137
2002	4,238		36,151		8,748
2003	2,369		51,964		2,387
2004	4,594		46,984		2,967
2005	3,274		46,097		1,289
2006	652		43,883		544
2007	296		36,885		4,234
2008	900		50,819		7,584

投資的経費

年度	既存更新分	新規整備分	用地取得分	合計
平成19年度(2007年)	67,200	287,400		354,600
平成20年度(2008年)	192,800	524,200	400	717,400
平成21年度(2009年)		609,200		609,200
平成22年度(2010年)	186,900	508,100	400	695,400
平成23年度(2011年)	181,000	492,100	400	673,500

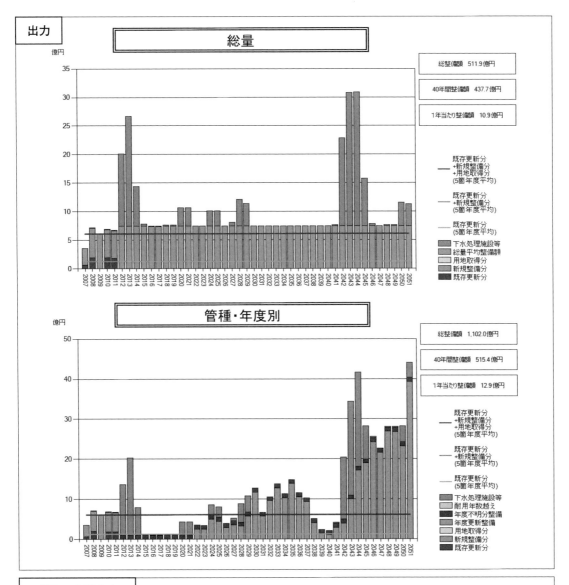

グラフの読み方

　総量による試算からは、調査年から40年の更新費用の総額が511.9億円、年平均で10.9億円となることがわかります。
　しかし、橋りょうや上水道と同様に、下水道も構築年度からの供用年数により更新費用のピークが推移するため、築造年別で、かつ管径別に入力した試算結果を活用する方が望ましいといえます。
　この試算結果では、更新費用のピークが、2040年代以降に集中することがわかり、このピークに備え、下水道の長寿命化計画を早期に立案し、この更新費用の総費用の削減と、平準化を実現させる必要性が確認できます。

※上図の例では各入力精度毎のデータ総量が異なるため、異なる入力精度間の単純比較はできません。

インフラ資産　総更新費用試算

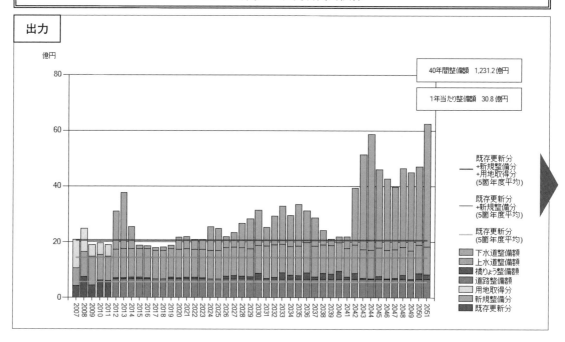

グラフの読み方

　道路、橋りょう、上水道、下水道の更新費用総額の試算を表示した例です。特定の年度で突出した値がある場合、その項目に絞り込んで重点的に分析し、問題点を明らかにします。
　また、投資的経費と対比することで、直近の整備状況と将来予測とのギャップを把握し、今後の整備方針検討の際の条件設定に用います。
　なお、更新費用の試算は、インフラ資産と公共施設の総合計も出力できますので、自治体全体としての方針決定や改善検討の基礎情報として活用します。

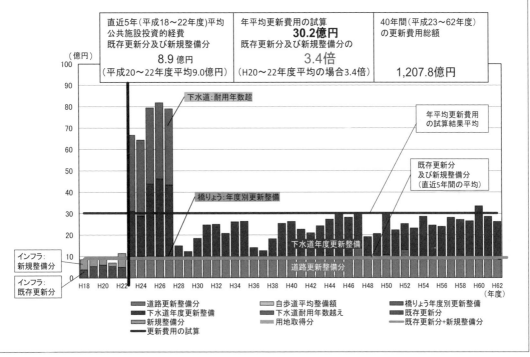

出典：鎌倉市公共施設再編計画基本方針（平成25年4月）

第Ⅱ章　更新費用試算ソフトの概要

第Ⅲ章

更新費用試算ソフトの活用事例＜基礎編＞

1　公共施設マネジメントの業務フロー
2　基本方針策定での活用
（1）基本方針策定での活用〈ステップ1〉
3　公共施設・インフラ資産の実態把握
（1）公共施設マネジメント白書での活用〈ステップ2〉
4　PRE基本方針策定での活用
（1）PRE基本方針策定での活用〈ステップ3〉

1 公共施設マネジメントの業務フロー

　本章では、実際の公共施設白書や改善検討で、ソフトの出力を活用した事例を紹介しながら、公共施設の実態把握のポイントを示すことで、試算ソフトが実態把握でどのように活用できるかの参考とともに、ソフト出力結果の具体的な応用方法を示すものです。

　掲載した事例では、ソフトの出力結果を各場面で効果的に示せるよう、画像を加工あるいは新たに作成しています。ソフトの出力は簡便さとの兼ね合いもあり、分析や検討に必要な全ての情報を網羅しているわけではありません。具体的にどのような情報を追加・補足しているかといった点も、これらの事例から読み取ることが可能です。

　なお、本書で解説している手法や事例が、公共施設マネジメント全体の業務の中のどの段階に該当するかを、下図の業務フローで示します。

図　公共施設マネジメントの業務フロー

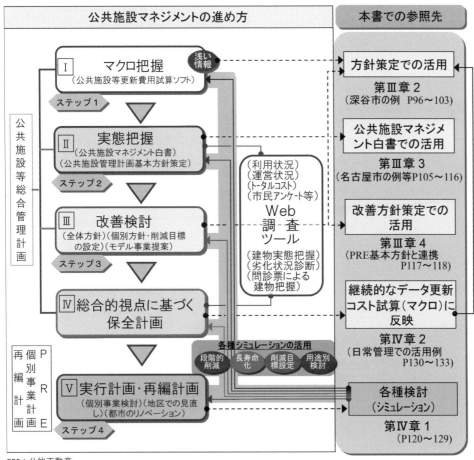

PRE：公的不動産

2 基本方針策定での活用

(1) 基本方針策定での活用　ステップ1

以下では、基本方針策定の事例を紹介します。

1) 事例その1（深谷市の例）

この事例では、試算ソフトの出力結果が利用できる部分を太枠で示しています。

第1章 基本方針の策定に当たって

1 策定の目的

全市的、総合的な視点で、各施設の老朽化度やニーズ等を勘案しながら施設資源の再配置や統廃合を進めることで、市民ニーズに適応した適正な施設配置と施設保有量のスリム化を図り、必要性の高い行政サービスの持続的な提供に資するため、公共施設適正配置基本方針を策定します。

2 基本方針の位置付け

この基本方針は、上記目的を達成するために定めるものであり、これらを実現させるためには、より具体的な計画が必要となります。

各施設所管部署で定めている（今後定めるものも含め）施設整備計画等との整合性を保ちつつ、今後の「公共施設適正配置に関する基本計画」等の策定において、また、その後の具体的な個別案件について検討を進める際の基本的な考え方を整理したものです。

3 対象施設

公共施設のうち、道路、上下水道や公園などのインフラ（関連施設を含む）及び汚水処理施設などのプラントを除いた、「建物を伴う施設」を対象とします。

【対象施設】

分類	施設数	延床面積(㎡)	主な施設
市民文化・社会教育系施設	37	42,355.38	文化会館(2)、公民館(12)、集会所(13)、コミュニティセンター(3)、図書館(4)
スポーツ・レクリエーション系施設	30	27,374.39	総合体育館、市民体育館、市営グラウンド(7)、仙元山公園遊園地
産業系施設	12	16,191.59	産業会館、多目的センター、農民センター、ふるさと物産センター、物産館
学校教育系施設	44	183,508.59	小学校(19)、中学校(10)、幼稚園(12)、給食センター(2)、教育研究所
保健福祉系施設	44	23,639.01	老人福祉センター(4)、障害福祉施設(2)、保育園(9)、学童保育室(19)
行政系施設	19	36,206.56	本庁舎、総合支所、別館、教育庁舎、消防本部、消防署(2)、分署(5)
公営住宅	11	30,830.43	市営住宅(11)
その他	15	12,803.14	
合計	212	372,909.09	

第2章 公共施設をめぐる現状と課題

1 保有施設の現状

(1) 建物延床面積の内訳

平成24年4月1日現在で、本市が所有する公共施設の建物延床面積は37.3万㎡あり、その約半分を学校教育系施設が占めています。

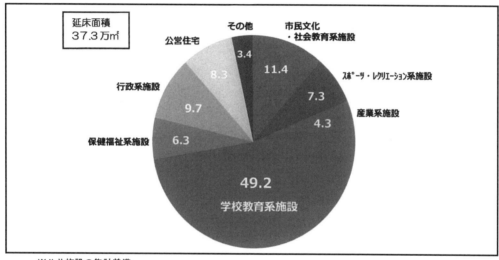

※公共施設の集計基準
　建物の延床面積は、文化財、小規模な倉庫、トイレ等及び上下水道施設、供給処理施設を除いています。

《耐震化の状況》

昭和56年の耐震基準の改正前後で比較すると、施設の39.3%は旧耐震基準で建設されています。

なお、学校施設を最優先で耐震化を進めた結果、平成24年度末には100%を達成する予定です。

しかし、庁舎や産業系施設など学校施設以外の施設については、耐震化はほとんど進んでいないのが現状です。

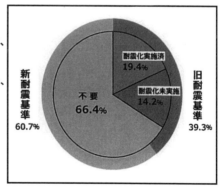

（2）築年別整備状況

　下記のグラフは、本市が保有する公共施設の延床面積を建築年別に表記したものです。
　現在本市が保有する建物は、人口増加が急速に進んだ昭和40年代～60年代にかけ、学校教育系施設を中心として建設されたものが多く占めていることが分かります。
　また、経過年数を見ると、建築後30年以上経過した建物が全体の39.3%を占めており、今後大規模改修や建替えの大きな波が訪れることが見込まれます。

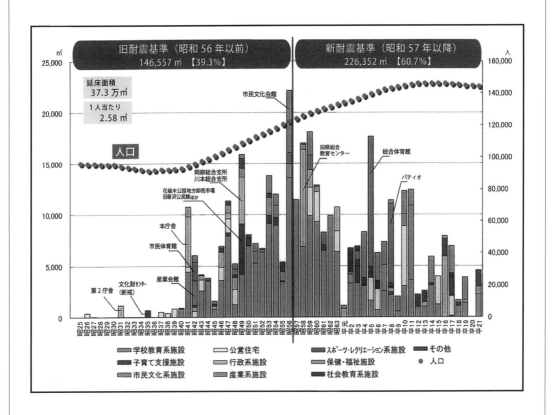

2 公共施設を取り巻く社会状況の変化

(1) 人口減少社会の到来

　本市の人口は近年まで緩やかに増加しておりましたが、平成12年の146,562人をピークとして、すでに減少に転じています。将来人口推計によると、本市の人口はこのまま減少が続き、平成47年には人口が12万4千人程度になると予測されています。これは昭和50年代後半の水準です。

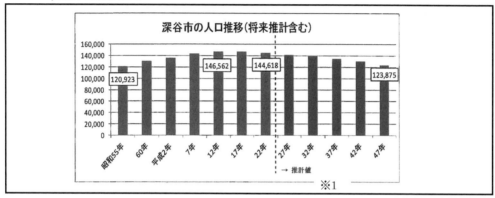

※1

　現在の本市の人口構成（平成22年国勢調査）は、0～14歳の人口割合が13.8％、15歳～64歳の人口割合が64.8％、65歳以上の人口割合は21.4％となっています。
　65歳以上の人口の割合は上昇を続けており、将来人口推計によると平成47年には32.1％になると予想されており、およそ3人に1人が65歳以上となります。

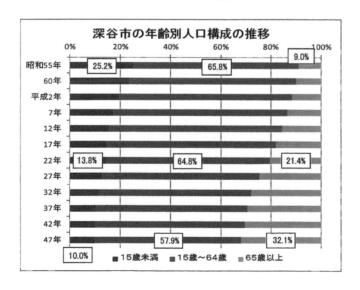

(2)厳しさを増す財政状況

歳入のうち、自主財源である市税収入が占める割合は34.8%（平成23年度）であり、これはけっして高い水準とはいえず、国や県からの交付金や支出金に依存している面が大きい財政状況といえます。

人口減少による市税収入の減少、地方交付税の削減による影響は今後ますます大きくなっていきます。

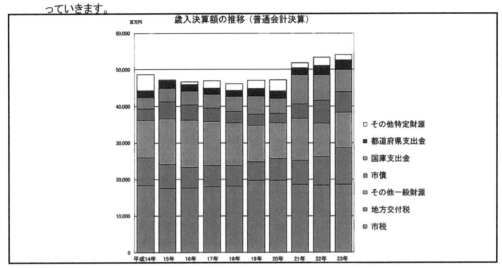

歳出の51.8%（平成23年度）は、人件費、扶助費、公債費といった市が任意に減少させることが困難な義務的経費で占められています。

合併による人件費の削減効果は徐々に表れていますが、扶助費は年々増加しており、平成18年度には67億円であったものが、平成23年度には106億円に上昇しています。

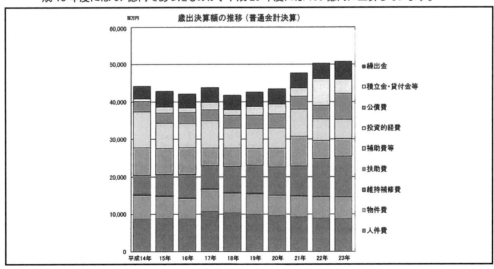

　本市の今後の財政見通しですが、歳入面においては、生産年齢人口の減少による税収減、国からの交付金等の削減により依然厳しい状況が続きます。
　歳出面においては、扶助費が増大していく中で、財政健全化に向け引き続き事業の見直しや経費節減を図るなど、効率的かつ効果的な行財政運営に努めていくことが不可欠ですが、更なる歳入歳出の適正化を図りつつも、ますます厳しい財政運営が続くことが予想されます。

3　公共施設の更新費用推計

　現在本市が保有する施設を耐用年数経過後に、同じ延床面積で更新したと仮定した場合(※1)、今後40年間の更新費用の総額は約1,525億円で、試算期間における平均費用は年間38.1億円となります。過去5年間（平成19年度～23年度）の公共施設にかけてきた投資的経費(※2)は、年平均約25.5億円ですので、<u>現状の約1.5倍</u>の費用がかかる試算となります。

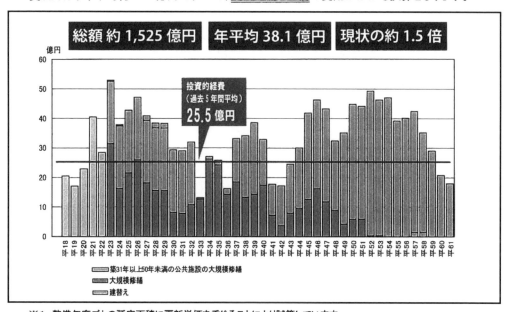

※1　整備年度ごとの延床面積に更新単価を乗じることにより試算しています。
　　なお、建築物の耐用年数は60年と仮定し、建築後30年で大規模改修を行い、その後30年使用した後、建替えると仮定しています。
※2　投資的経費とは、その支出の効果が資本形成に向けられ、施設等がストックとして将来に残るものに支出される経費のこと。

　今後の財政見通しにおいて、歳入が短期的にも中長期的にも減少こそするも、回復する見込みは薄く、また、増加の一途をたどる扶助費等の削減が困難な状況では、従来どおり、今ある施設を維持しながら、今後発生する施設更新（大規模改修や建替え）の大きな波に耐えることは、大変厳しいと言えます。

第3章 課題解決に向けた公共施設適正配置基本方針

　市民サービス水準を維持しつつ、財政健全化に向けた今後の公共施設における適正配置を推進していく上で、次のとおり基本となる方針を定めます。

（1）施設の仕分け（統廃合）を行う
　　　今後の人口推移、市民ニーズの変化、財政状況を踏まえた上で、必要とされるサービスとそうではないものについて慎重に調査・分析し、公共施設の保有総量の圧縮（スリム化）を目指します。

（2）多機能化、複合化を図る
　　　「一つの目的で一つの施設を作る」という過去の考え方から脱却し、「施設重視」から「機能重視」へ転換することで、柔軟な用途変更（※）を核とした施設の多機能化、複合化を図り、スリム化を目指します。
　　※用途変更において、補助金をもらって建設した施設は補助金の返還という制約が生じる場合がありますが、長期的な視野に立ち、費用対効果を十分見極めながら検討するものとします。

（3）原則として新たな施設は建設しない
　　　耐用年数を経過した建物や統廃合による建替えを除き、原則として、新たな建物は建設しないこととします。新規ニーズに対応するため新たな施設が必要となる場合でも、まずは既存施設の有効活用を検討した上で、必要最小限度の面積で整備することとします。

（4）既存施設の優先順位付けと計画的な保全による長寿命化
　　　社会環境の変化に応じた施設更新の優先順位付けを行うとともに、施設の長寿命化を図るための計画的な保全を実施し、限られた資源の選択と集中を推進します。

（5）市民ニーズの変化に対応できる構造の採用

　今後建設する建築物は、長寿命構造とするとともに、建物の躯体（スケルトン）と内装や設備（インフィル）とを一体化しない「スケルトン・インフィル（ＳＩ）方式」での施設整備を行い、間仕切壁の撤去や変更等を容易とすることで、中長期的な社会環境の変化や市民ニーズの変化に対し、柔軟かつ効率的な対応を可能とします。

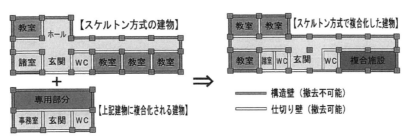

※上図は学校を例としたイメージ図です。

（6）市民協働・官民連携の推進

　施設の用途や目的、実情に応じて、地域に管理・運営を任せることや、無償譲渡なども検討します。

　また、積極的な指定管理者制度の導入や、ＰＦＩやＰＰＰなどの民間活力の導入により、設計・建設から管理・運営まで民間で行うなど、より効果的、効率的な管理・運営を推進します。

（7）組織横断的部署による一元的な管理

　全庁的な視点から、市保有施設の効果的、効率的な施設管理が行えるよう、分散して管理しているデータを一元的に管理し、全庁的施設マネジメントができる体制を整備します。

　なお、適正配置に向けた取組の牽引役、進捗管理等も含め、総合調整に係る事務についても一元的管理を行う部署が担うものとします。

出典：深谷市公共施設適正配置基本方針（平成24年11月）

2) 事例その2（松江市の基本方針策定）

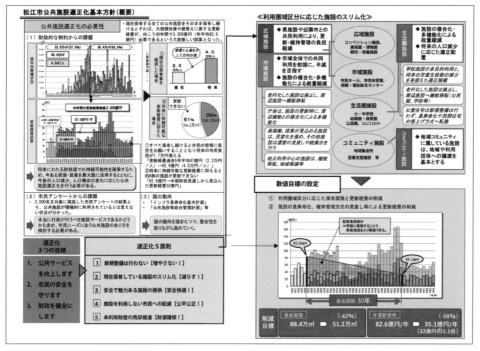

出典：松江市公共施設適正化基本方針（平成26年3月）

3) 事例その3（高浜市の基本方針策定）

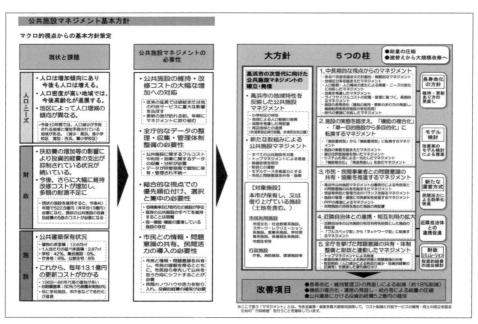

出典：高浜市公共施設あり方計画（案）（平成25年3月）

3 公共施設・インフラ資産の実態把握（総量の把握・今後の維持更新コスト）

（1）公共施設マネジメント白書での活用　ステップ2

1）白書の目次例

標準的な公共施設白書の基本構成と目次例を以下に示します。

この中で、マクロ分析にあたる部分が第1章及び第2章になります。ここでは、本ソフトで作成する人口推移や人口構成のグラフ、歳出・歳入の推移、投資的経費の内訳といったグラフが活用できます。特に第2章の保有施設と今後かかるコスト試算については、通常作成が困難なグラフを、簡単な操作で作成できます。

白書の標準的な目次	本書Ⅲ章での掲載事例
第1章　市勢概況等の整理 1．人口構成割合の変化に伴う施設配置の適正化 2．地域特性と公共施設整備状況の分析 3．新たな開発動向と公共施設整備状況との比較分析	2）人口推移及び将来予測 ・総人口の推移 ・地域別人口構造の推移と将来推計 ＜参考＞地域別の施設配置状況
第2章　保有する財産の状況及び資産の有効活用の必要性 1．歳入・歳出の状況 2．投資的経費の状況 3．保有する公共施設の状況 　　　今後かかるコスト試算 4．資産有効活用の必要性	3）財政の現状と課題 4）保有資産の状況 5）築年別整備の状況 6）公共施設の更新費用試算 7）インフラ資産の更新費用試算
第3章　用途別実態把握 　　　　（地域対応施設・広域対応施設） ● コスト情報とストック情報の的確な把握 　・トータルコスト　・建物概況 　・利用状況　　　　・管理運営状況 　・評価・分析　　　・将来コストの予測 1．対象施設一覧 2．主な地域対応施設の実態把握 　（1）コミュニティセンター、公民館 　（2）小学校・中学校 　（3）図書館分館 　（4）保育園　等 4．主な広域対応施設の実態把握 　（1）窓口（市役所・支所・行政サービス） 　（2）文化会館　　　（3）福祉センター 　（4）図書館 　（5）スポーツセンター（6）福祉施設　等	・用途別に個別施設の建物概況、コスト状況、建物状況評価、利用・運営状況を多面的に分析し、施設が有効活用されているか、課題がどこにあるか等を定量的に把握し、市民に対し「見える化」する。 ・市が保有する資料や保有する建物概況データを活用し、効率的に調査を実施する。
第4章　6地域毎の公共施設を通した行政サービスの実態 　（1）A地域　（2）B地域 　（3）C地域　（4）D地域 　（5）E地域	・地域特性と施設配置の適合性を検証し、地域との連携のあり方を検討していく。
第5章　今後の公共施設のあり方 1．課題のまとめ 2．今後の公共施設の方向性の検討・提案等	8）人口推移及び将来予測と公共施設の関係の分析例 9）課題の明確化の例

※以下では名古屋市の公共施設白書を例に、実態把握での本ソフトの利用例を解説します。

2) 人口推移及び将来予測

【ポイント】
- 過去人口のピークと現在との差や、人口変化の早さなどを視覚化することで、人口変化に応じた公共施設整備の対応状況の課題分析などにつなげることができます。
- 次ページの行政区別の人口構造とその変化では、地域別の将来推計人口とその年齢構成から、地域別の現状と将来の傾向の違いなどを把握しています。
- ソフトでは総人口推移の将来推計は入りませんので別に作成します。地域ごとの人口特性を入力するには、地域別の管理種別を作成して入力します。

図　総人口の推移

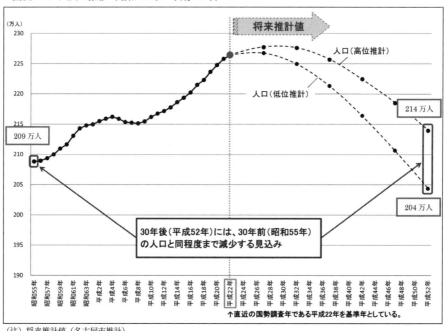

出典：名古屋市公共施設白書（平成26年3月）

図　地域別人口構造の推移と将来推計

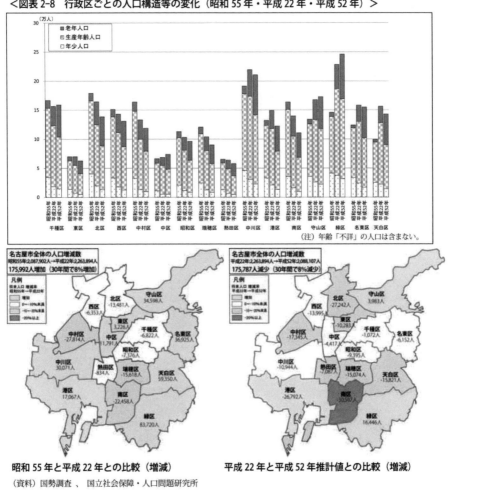

(4) 行政区別の人口推移及び将来推計

これまでは市全体の人口推移と将来の推計について述べてきましたが、今後、皆様のお住まいの区が将来どのような人口推移をたどる見込みなのか、参考としてお示しします。(図表2-8)

なお、この将来推計値は、多くの自治体、研究機関等で利用されている国立社会保障・人口問題研究所(厚生労働省に設置された国立の政策研究機関)の数値によっています。

平成22年時点において、16区のうち千種区をはじめ半分の8区で、既に人口減少が見られます。その他、少子化・高齢化の進展による人口構造の変化は共通して見てとることができます。

＜図表2-8　行政区ごとの人口構造等の変化（昭和55年・平成22年・平成52年）＞

昭和55年と平成22年との比較（増減）　　平成22年と平成52年推計値との比較（増減）

(資料) 国勢調査、国立社会保障・人口問題研究所

出典：名古屋市公共施設白書（平成26年3月）

<参考> 下図は、地域別に施設の配置状況を示した例です。地域ごとの人口動態と施設配置を重ね合わせて分析することで、施設の最適配置を検討します。施設配置の作成には、GISなどのソフトを利用して作成するなどが考えられます。

図　地域別の施設配置状況

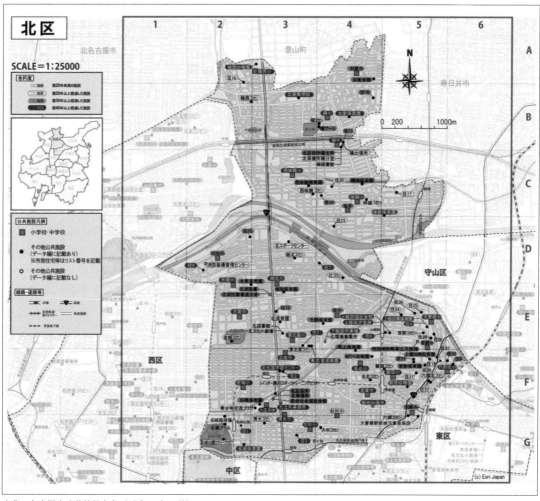

出典：名古屋市公共施設白書（平成26年3月）

3) 財政の現状と課題

【ポイント】
・財政関係の実態情報活用例です。特に年度推移の中で特徴的な部分を強調し、現在の状況から今後の将来にわたる傾向を明らかにし、課題抽出につなげます。
・下図の歳入の例では、市税収入や市債発行額の減少傾向に注目しています。また次ページの歳出については、扶助費に代表される義務的経費の増加傾向や公共施設等の更新に直結する投資的経費の減少傾向などに注目しています。

図　財政面からの課題抽出（歳入・歳出）

（1）歳入の状況

　歳入の根幹である市税収入については、平成16年度から平成19年度までは増収が続きましたが、平成20年度後半から急激に景気が悪化した影響により平成20年度及び平成21年度は減収となり、平成22年度は市民税10%減税の実施によりさらに減収となりました。平成23年度は減税額の縮小により増収となり、平成24年度は企業収益の改善などにより増収となりました。

　また、市債は、平成20年度から平成22年度まで、景気低迷に伴い、地方交付税の肩代わりである臨時財政対策債や減収補塡債といった特例的な市債の増などにより増加することとなりましたが、平成23年度以降、前述の臨時財政対策債（平成22年度461億円、平成23年度404億円、平成24年度380億円）などの特例的な市債の発行額が減少したことなどにより、平成22年度と平成24年度を比べると404億円、約33%の減少となりました。（図表2-9）

<図表2-9　歳入決算の推移>

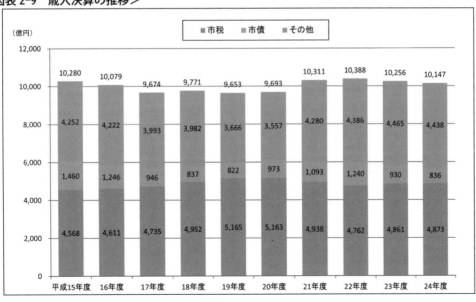

出典：名古屋市公共施設白書（平成26年3月）

図　財政面からの課題抽出（歳入・歳出）

（2）歳出の状況

平成24年度決算では、歳出全体に占める義務的経費の割合が54.8％となり、過去最高となりました。義務的経費のうち、人件費は減少傾向、公債費はほぼ横ばいであるのに対し、生活保護費や高齢者・子育て家庭への支援などの支出である扶助費が年々増加しており、平成24年度の扶助費は平成15年度に比べて約1.8倍になっています。

一方、公共施設の建設等に使われている投資的経費については減少傾向にあります。

＜図表2-10　歳出決算に占める義務的経費の推移＞

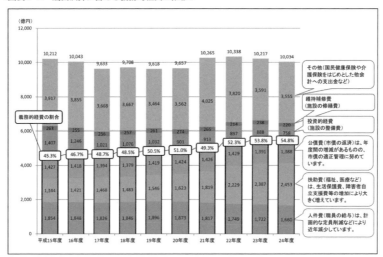

次に、歳入の中心である市税収入の伸びと歳出の義務的経費の伸びを比較してみました。市税は、大幅な伸びが期待できない一方、義務的経費は高齢者人口の増加などにより、今後も増加が見込まれます。（図表2-11）

＜図表2-11　市税収入と義務的経費の推移＞

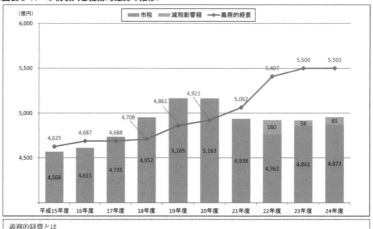

義務的経費とは
人件費・扶助費・公債費の合計で、支出が義務付けられていて、削減することが難しい経費です。この割合が高いほど、自由に使えるお金が少ない財政状況ということになります。

出典：名古屋市公共施設白書（平成26年3月）

4) 保有資産の状況

【ポイント】
・保有資産の把握のうち、総量と用途別の保有比率を把握した例を示します。また、他の類似自治体のデータがあれば、より客観的な比較・評価が可能になります。

図　建物延床面積の内訳

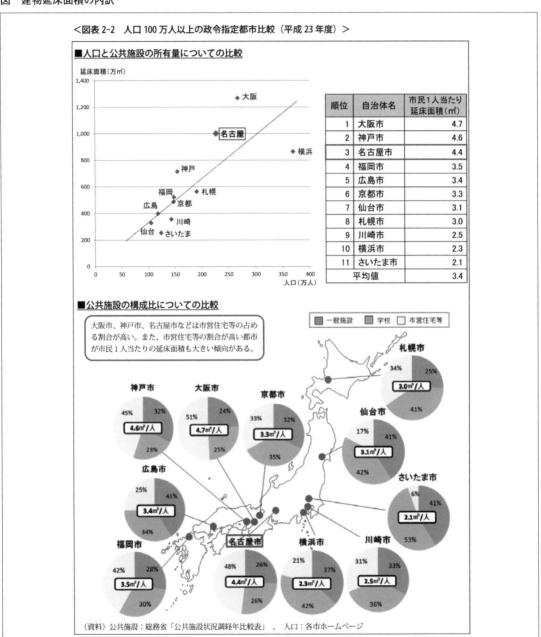

出典：名古屋市公共施設白書（平成26年3月）

5) 築年別整備の状況

【ポイント】
- 築年別整備状況では、年代による整備量のばらつきや集中度合い、主要な整備用途などを出力したグラフから読み取ることができます。特に将来改修の集中時期などの予測などが可能です。
- 特に特徴的な年度に計上されている施設を特定することで、整備状況にかかる特殊要因などを検討します。

図　築年別整備状況

（2）老朽化する公共施設

これまでの公共施設は、概ね築40年程度で改築されてきました。平成24年度末時点では、築40年以上経過している施設の割合は、全体の1/4（約23％）ですが、昭和40年代から60年代にかけて整備されてきた施設が多いことから、この状態が続けば10年後には半分（約56％）を超え、老朽化が一挙に進むことが予想されます。
（図表2-3及び2-4）

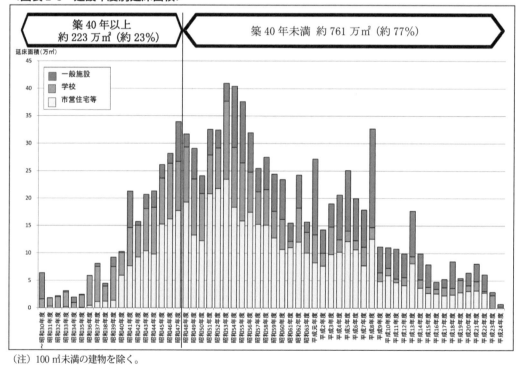

＜図表2-3　建設年度別延床面積＞

（注）100㎡未満の建物を除く。

出典：名古屋市公共施設白書（平成26年3月）

6）公共施設の更新費用試算

【ポイント】
・公共施設の更新費用試算では、ソフトから出力されたデータを考察し、投資的経費とのギャップや年代によるコストの集中度合いなどの実態が明確になります。さらに、長寿命化などのシミュレーションを行って比較することで、将来の整備方針策定につなげます。

図　公共施設の更新費用試算

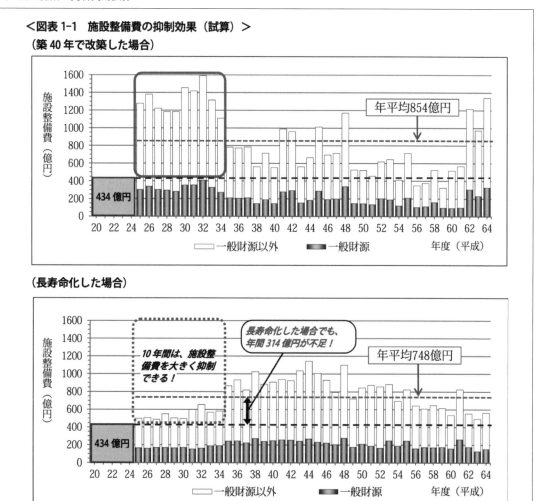

出典：名古屋市公共施設白書（平成26年3月）

7) インフラ資産の更新費用試算

【ポイント】
・築年別整備状況を入力し試算することにより、インフラ資産の更新時期の集中度やインフラ別の比率、投資的経費とのギャップを把握できます。

＜インフラ資産更新費用試算例＞

	白書における試算結果			インフラの現状と課題
	保有状況	試算条件	試算結果	
道路	一般道路 376万m² 自転車歩行者道 102万m²	15年に1度、全面的に舗装の打換を行う	548億円 13.7億円/年	道路平均幅員（一般道路総面積/総延長）が4.6mと狭く、そのほとんどが生活道路であり、また、山間部では、道路が寸断した場合に孤立集落が発生する可能性があるため、統配合は困難である。 ⇒全路線の維持管理による機能確保が必要
橋りょう	橋りょう 386本 橋りょう面積 2.8万m²	60年で全面更新する	112億円 2.8億円/年	橋梁本数の80%が15m以下であり、1970年前後に構築された古い橋梁が多い。15m以上の橋梁は、1990年前後に構築され、比較的新しい。 ⇒更新時期の分散と常時通行の確保が必要
上水道	総延長 約30万m²	上水道年次別計画より試算する	195億円 4.9億円/年	浄水場とポンプ施設で9施設を保有し、管路とともに、設備の維持更新が必要である。 ⇒更新時期の分散、災害時の機能確保が必要
下水道	総延長 約31万m²	耐用年数50年で更新する	272億円 6.8億円/年	下水道普及率は90%を越え、1990年代に整備が集中しており、比較的新しい。 ⇒更新時期の分散、平準化が必要

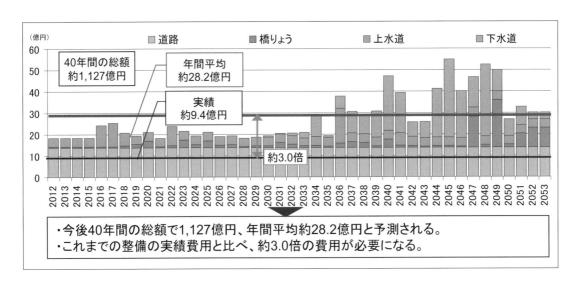

・今後40年間の総額で1,127億円、年間平均約28.2億円と予測される。
・これまでの整備の実績費用と比べ、約3.0倍の費用が必要になる。

8) 人口推移及び将来予測と公共施設の関係の分析例

【ポイント】
・人口推移及び将来推計と、築年別の施設整備状況を重ねて分析することで、施設整備の現状の妥当性と将来のあり方を検証します。
・試算ソフトでは年度ごとの保有量は出力しませんので、年度ごとの整備量を累計することで保有量とみなすか、統計情報を利用します。
・年齢構成別の将来人口推計から、公共施設の適正量を検討し、将来の整備計画の基礎とします。

図 人口推移及び将来予測と公共施設の関係

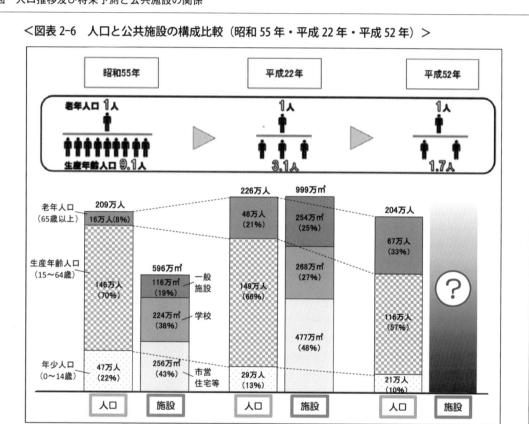

出典：名古屋市公共施設白書（平成26年3月）

9) 課題の明確化の例

【ポイント】
・具体的な数値を用いて客観的な事実に基づいた実態を示します。
・事実に基づく実態を踏まえることで説得力のある課題を導き、庁内外との認識の共有を図ります。

分かったこと

○公共施設について
- これまでは人口の増加や社会的ニーズなどに合わせて公共施設を増やしてきた。
- 市民1人当たりの延床面積は人口100万人以上の政令指定都市の中で3番目に多い。（4.4㎡/人）

○将来人口について
- 本市の人口は、平成20年代後半をピークに減少し、平成52年の人口は、昭和55年時点の人口と同程度になるとともに、少子化・高齢化の進展により人口構造が大きく変化する見込み。

○財政状況について
- 本市の財政規模は約1兆円で、過去10年間横ばいで推移している。
- 歳入の中心である市税収入は大幅な伸びが期待できない一方、扶助費などの義務的経費は高齢者人口の増加などにより、今後も増加が見込まれる。
- 公共施設の建設等に使われている投資的経費は減少している。

○将来の施設整備費について
- 将来の施設整備費は、長寿命化などの取り組みを進めても年平均748億円が必要と試算され、近年の施設整備費434億円と比較して約1.7倍となることから、その財源を確保することは非常に厳しいものとなる。

見えてきた課題

○人口減少社会を見据えて
- 人口減少社会を見据え、施設の廃止・縮小を含めて保有資産量の適正化をどのように図るのか。

○人口構造の変化を見据えて
- 人口構造の変化に伴う社会的ニーズの変化に対応した施設機能を、どう確保するのか。

出典：名古屋市公共施設白書（平成26年3月）

4 PRE基本方針策定での活用

(1) PRE基本方針策定での活用　ステップ3

ここまで紹介した基本方針の策定同様に、まちづくりにおけるPREの有効活用に関する基本方針の策定への活用も見込まれます。下図は、「まちづくりのための公的不動産（PRE）有効活用ガイドライン」の抜粋です。

図　「まちづくりのための公的不動産（PRE）有効活用ガイドライン」抜粋

（1）現状と課題の整理
◆検討目的・内容
・第1ステップ、第2ステップでの検討内容をもとに財政状況やPREの保有状況に関する現状と課題を整理する。

◆検討の視点
・PREの保有量、財政状況、まちづくりのマスタープランとの整合　等

（2）PREに関する基本的な考え方の整理
◆検討目的・内容
・現状、課題を踏まえたPREに関する基本的な考え方を整理する。

◆検討の視点
○まちづくりとの連携
・将来のまちづくりに向けたPREの活用の方向性を示す。
  ➢ コンパクトシティの推進等に向け、公共機能を再配置するとともに、まちの拠点に必要となる民間機能（福祉・商業等）の整備にPREを活用することが望ましい。

○財政面を考慮した公共サービスのあり方
・財政制約を考慮したPREの保有量の最適化の考え方を示す。
・維持管理コストの最適化についての考え方を示す。
  ➢ 受益者負担の導入や民間による公共サービス提供の可能性を示すことが望ましい。
・PREの効果的な維持管理手法についての考え方を示す
  ➢ 点検・診断、維持管理、耐震化の方針、長寿命化等の方針を示すことが望ましい。

○計画の実行にあたっての考え方
・再配置計画の実施期間を示す。
  ➢ 削減目標設定等は出来る限り長期（40年程度）に設定するとともに、目標達成に向けた具体計画は10年程度のスパンで作成することが望ましい。
・庁内各部署の連携体制の考え方を示す。
  ➢ まちづくり部門、企画部門、施設所管部門等が連携して検討することが望ましい。
・他市町村等との広域的な連携の考え方を示す。
  ➢ 周辺市町村との共同利用等により機能維持とコスト削減を図ることが望ましい。
・議会や住民との合意形成に向けた取組みの考え方を示す。
  ➢ 市民への情報提供や対話等を実施することが望ましい。
・民間との連携に関する考え方を示す。
  ➢ 民間との連携のため、PREの情報公開や民間対話を実施することが望ましい。
・計画のフォローアップの考え方
  ➢ 再配置計画の実施にあたっては、定期的に見直しを行うことが望ましい。

（3）保有量適正化目標の設定
◆検討目的
・PRE保有量の適正化に向け、財政制約より今後のPRE保有可能量を試算する。

◆検討内容
・具体的な目標設定を行う。
（設定目標の例）施設数、延べ床面積、コスト　等

[使用する資料]
・将来の維持・更新コスト
　（第2ステップ2-2-1にて作成）
・個別施設データ
　（第2ステップ2-2-3にて作成）

出典：「まちづくりのための公的不動産（PRE）有効活用ガイドライン」P30, 31

下図は「まちづくりのための公的不動産（PRE）有効活用ガイドライン」で紹介されているさいたま市の基本方針の例です。

図 「まちづくりのための公的不動産（PRE）有効活用ガイドライン」抜粋

出典：「まちづくりのための公的不動産（PRE）有効活用ガイドライン」P32

第Ⅳ章

更新費用試算ソフトの活用事例＜応用編＞

1　各種検討（シミュレーション）〈ステップ4〉
（1）長寿命化シミュレーション
（2）段階的削減シミュレーション
（3）整備レベルの設定とその効果の試算
（4）インフラ資産シミュレーション
2　日常管理での活用
（1）年度更新管理〈公共施設一覧の活用〉

1　各種検討（シミュレーション）　ステップ4

（1）長寿命化シミュレーション

　公共施設に関する更新年数（更新周期）を延長することで、将来コストの変動を比較する方法の実例を示します。

1）推計条件の変更　

① 建替え更新年数を初期値（60年）で試算し、グラフをコピー貼付け等で保存しておきます。
② トップメニューから「基本設定・推計条件設定」を開きます。
③ 建替え更新年数を60から50に変更して更新し、「将来の更新費用の推計」グラフを表示します。必要に応じてグラフをコピー貼付けします。
④ 再度、建替え更新年数を50から70に変更して更新するとともに、「大規模改修実施年数」を30から35、積み残し大規模改修の割り当て年数を15年に変更して、データ更新します。前項同様にグラフを表示し、適宜保存します。

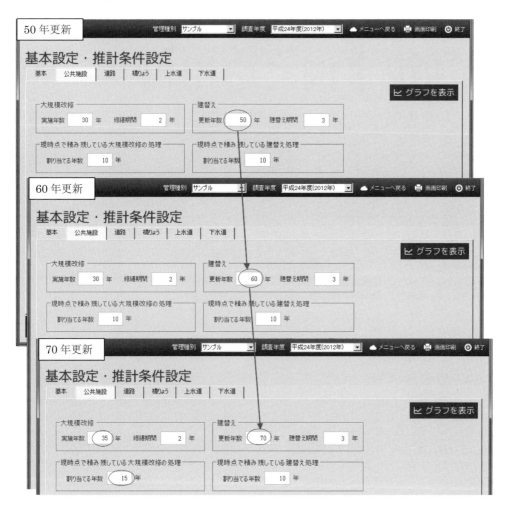

下図のように、年間更新費用が平準化するとともに、総額も減少することが確認できます。

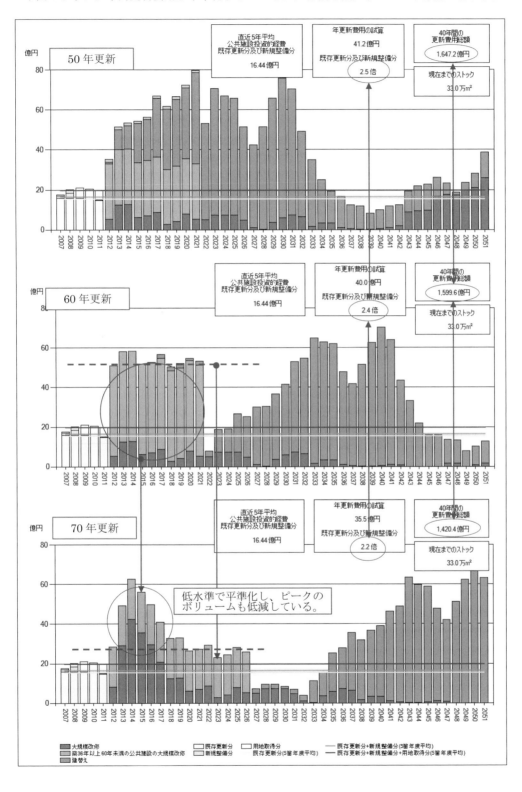

第Ⅳ章　更新費用試算ソフトの活用事例＜応用編＞

2) 新たな修繕・改修周期の考え方

　公共施設の多くは、故障や不具合が生じてから修繕するという対応がとられています。維持管理は設備機器が中心で、屋根・屋上や外壁、内部仕上げといった部分は後回しになり、建設時が一番良い状態で、あとは経年により劣化する一方、という状況が多くみられます。適切な維持管理を行えば、まだまだ使えるにもかかわらず、使い勝手が悪くて40年から50年程度で解体し、建替えてしまっています。

　今後は、既存施設の有効活用のため、施設の長寿命化が求められます。適切な周期で修繕・改修することで、建物本来の寿命である躯体の耐用年数（70年から80年）まで使うことができます。その際は、屋根・屋上や外壁といった部分を定期的に修繕する一方で、耐震性能や省エネ性能などの社会的要求の高まりへ対応するため、耐用年数の中間年では新築時の整備水準を超え、大規模改修による機能向上を図る必要があります。

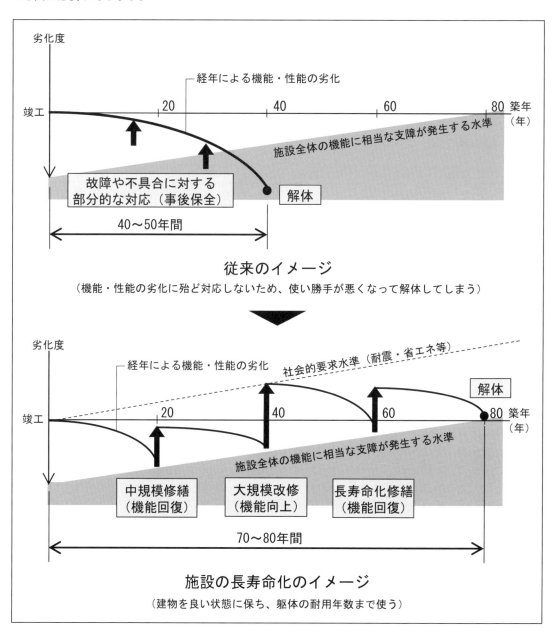

(2) 段階的削減シミュレーション

段階的な目標の設定例
　具体的な改善目標を設定するために、10〜20年後、30年後といった段階的なシミュレーションを行うことで、より現実的な削減目標の設定につなげます。
　また、削減目標は、今後の財政状況を踏まえた財政制約ライン及び長寿命化等検討における将来コストシミュレーションを踏まえて設定することにより、現状の建物の劣化状況等の実態を踏まえた数値とすることが可能となります。

図　削減シミュレーションのイメージ

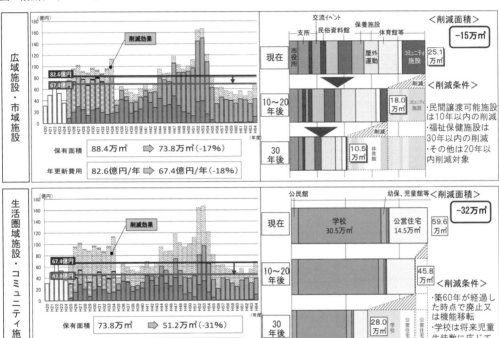

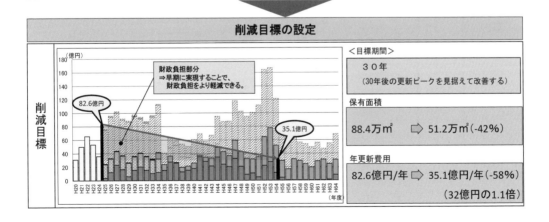

1) 更新費用試算ソフトの活用

対象を限定したシミュレーションの実施のため、大・中分類（施設用途）や構造、地域別等で、特定の分類や施設を対象にしたグラフの出力や試算をする方法を説明します。

① 試算ソフトで管理種別を追加し、全施設データを複製します。
② 公共施設一覧をコピーし、Excelに貼り付けます。
③ 構造や規模・分類などでフィルターか並べ替えをし、表示しないデータの「対象外」欄に1を入力します。
④ Excelで全行をコピーし、試算ソフトの新規管理種別で施設一覧画面に貼り付けます。
⑤ 試算ソフトで、グラフを表示します。

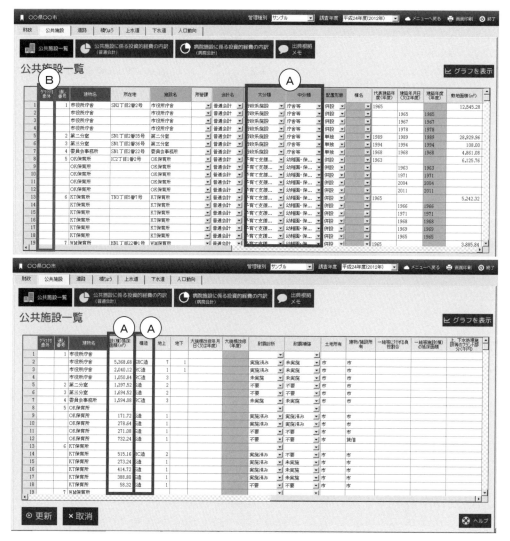

A 試算対象とする特定の分類・構造などを選定
B 対象外の施設に「1」を入力

2) 地域別の算定方法

地域	グラフ対象外	通し番号	建物名	所在地	施設名	所管課	会計名	大分類
A地域		1	市役所庁舎	SN2丁目2番2号	市役所庁舎		普通会計	行政系施設
A地域			市役所庁舎		市役所庁舎		普通会計	行政系施設
A地域			市役所庁舎		市役所庁舎		普通会計	行政系施設
A地域			市役所庁舎		市役所庁舎		普通会計	行政系施設
A地域		2	第二分室	SN1丁目2番35号	第二分室		普通会計	行政系施設
A地域		3	第三分室	SN1丁目2番36号	第三分室		普通会計	行政系施設
A地域			Excel上で、試算から除くデータに「1」を入力し、ソフトに貼戻す。					
B地域	1	5	OK保育所	IC2丁目1番2号	OK保育所		普通会計	子育て支援施設
B地域	1		OK保育所		OK保育所		普通会計	子育て支援施設
B地域	1		OK保育所		OK保育所		普通会計	子育て支援施設
B地域	1		OK保育所		OK保育所		普通会計	子育て支援施設
B地域	1		列を追加した場合は、行単位でなく試算ソフトに無い列を除いてコピーします。					
C地域	1		KT保育所		KT保育所		普通会計	子育て支援施設
C地域	1		KT保育所		KT保育所		普通会計	子育て支援施設
C地域	1		KT保育所		KT保育所		普通会計	子育て支援施設

他の分類も同様の手順を繰り返す。

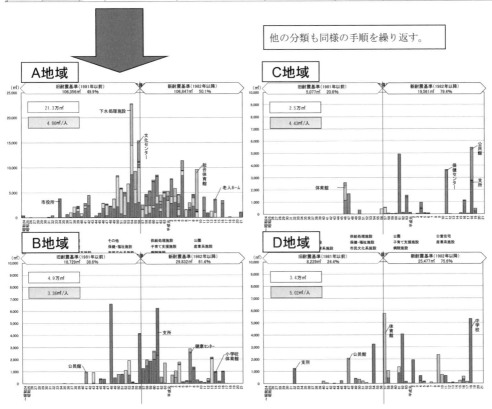

(3) 整備レベルの設定とその効果の試算

改修の実施にあたっては、劣化状況や社会的要求水準に即した整備レベルの設定が必要です。

劣化状況調査を活かした改善計画
① 建替え・大規模改修時の整備レベルの設定

- 劣化状況調査の結果を短期及び長期の保全計画へ反映させ、最小の経費で効果の高い保全管理を行います。教育施設・学習館などの用途別と規模別に類型化し、建物の整備レベルと維持管理状況の課題を抽出します。改善案として、①改修・建替え時の整備レベルを設定し、②現状劣化度評価より改修する部位を明確化し、③維持管理方法を見直します。
- 改修にあたっては、単に老朽化した部位の改修をするだけでなく、省エネルギー化(以下「省エネ化」という。)・低炭素化、防犯・防災対策、施設環境の向上等さまざまな課題に取り組む必要があります。
- 建物性能の向上を図りつつ、ライフサイクルコスト(LCC)を勘案し、最適な改修時の整備レベルを設定します。
- 素案では、一例として学校の例を示します。
  - LCC(ライフサイクルコスト):建替えまでにかかる改修工事や修繕、光熱水費等の経費

図 建替え・大規模改修時の整備レベル【学校の例】

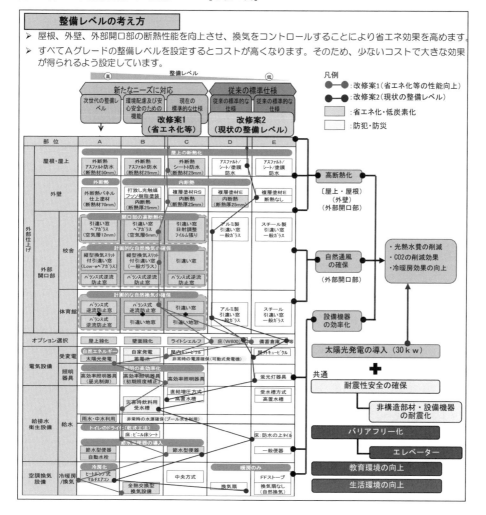

以下では、整備レベルの設定に関する留意点と実施例を示します。

図　整備レベルの向上とライフサイクルコスト（LCC）　　　　　　【学校の例】

> 省エネ化・低炭素化等に関する改修レベルを設定し、建物性能の向上を図り大規模改修する場合（改修案1）と、現状の整備レベルにより大規模改修を実施する場合（改修案2）のそれぞれのコストを比較します。
> 省エネ化等の性能向上を図った場合と、現状の整備レベルに合わせて改修を行った場合のコスト試算結果は、25年間で改修費の増加と光熱水費の削減を合わせ、差し引き4.3%（6,500万円）の増加となります。
> 学校はもともと光熱水費の少ない施設であり、建物の省エネ化自体の効果は限られますが、環境への配慮や建物寿命の延命化、生活・教育環境向上に対応する必要があります。
　　環境配慮やCO_2の削減、断熱による居住環境の向上や結露防止による躯体の長寿化を図るため、今後は改修案1により大規模改修を実施するものとします。

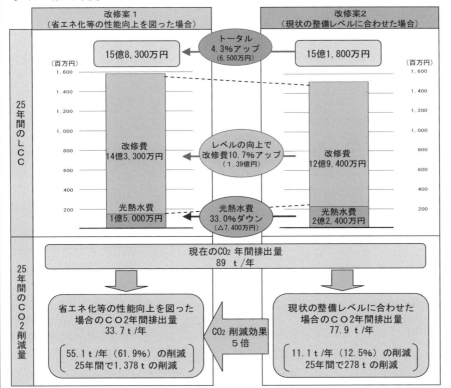

[モデル：第九小学校]

② 現況劣化度評価より改修する部位の明確化

> 劣化が進んでいる部位を選択して改修することにより、限られた予算の最適配分・最有効活用を図ることができます。
> 直近5年間に整備対象となる施設のうち、A評価の部位の改修コストを除外することにより、約5.7億円（4.1%）のコスト縮減効果があります。

(4) インフラ資産シミュレーション

1) インフラ資産の試算精度向上と削減

本ソフトを活用して既存更新費用を算定した後、今後の投資水準・投資額の削減方針や削減額を設定するために、インフラ別に地域状況や個別長寿命化計画等を反映する等により、インフラ資産の更新費用試算精度の向上やコスト削減検討が可能となります。

2) 活用例

以下では、本ソフトの応用的な活用例を示します。当初本ソフトで算出したインフラ資産の更新費用をベースに、公共施設管理計画策定時などに、関係部局よりヒアリングを行い、道路、橋梁、下水道は、長寿命化計画や維持水準を細分化することによるコスト削減結果を反映し、上水道は、最新の事業計画を反映することにより試算精度を向上させた例となっています。

3) インフラ別コスト条件

① 道路

幹線道路と生活道路に区分し、維持管理水準を分類し、本ソフトを活用して更新費用の試算を行い、更新費用の削減を図りました。

ⅰ．幹線道路と生活道路の区分方法

幹線道路を、片側1車線以上で交通量や補修が多く、ネットワーク上、重要な路線（道路全体面積の約27％）を設定し、それ以外の道路を生活道路として設定しました。

ⅱ．幹線道路の更新費用の試算

幹線道路の一部区間では、路面性状調査を実施しており、ひび割れ率は、15％～20％程度であり、現時点で大きなクレーム等は発生していません。また、ひび割れ率が15％～20％に至る年数は、新設から15年程度という試算事例もあります。

このことから、この現状の舗装状態を維持するために、幹線道路については、本ソフトの試算条件の通り、15年に1度、全面打ち換えを行うこととして試算しました。

ⅲ．生活道路の更新費用の試算

生活道路は、他市町村の事例等を参考に、修繕管理目標値をひび割れ率が40％、わだち掘れ2cmを越えた時点と設定しました。また、ひび割れ率が40％に達するまで、40年という試算事例もあります。

このことから、このひび割れ率40％の周辺部分を含めた50％の舗装部分を、本ソフトの試算条件の通り15年に1度、全面打ち換えを行うこととして試算し、残り50％分は30年目で打換えることとしました。この結果、最長でも舗装の打換え期間は30年となり、ひびわれ率が修繕管理目標値である40％となる試算事例である40年以内のサイクルとなり、この整備水準は保てるものとして試算しました。

この結果、40年間総額 360億円（当初試算額を34.3％削減）、年平均9.0億円の試算結果を採用しました。

② 橋りょう

橋りょうを15m以上と15m以下に分類して試算を行いました。

15m以下の橋梁は、本ソフトでの試算条件と同様に、耐用年数60年として全面更新するものとして試算しました。一方、15m以上の橋梁は、健全度を評価し、対処療法型から予防保全型で、LCCシミュレーション行って年間更新費用を算定する長寿命化計画を策定しているため、この結果を反映しコスト縮減効果を反映しました。

この結果、40年間総額 55億円（当初試算額を50.7％削減）、年平均1.4億円の試算結果を採用しました。

③ 上水道

　上水道施設は、中期的な事業計画を立案しているため、平成29年度までは、各年の事業計画費で試算し、平成30年度以降は、平成30～40年度までの11年の総事業計画費より年平均額を算定し、その金額で、平成30年度以降の35年分を配分することにより試算しました。

　この結果、40年間総額　140億円（当初試算額を28.5%減少）、年平均3.5億円と試算精度を向上させました。

④ 下水道

　下水道は、健全度の低い箇所のみ順次、更新していく長寿命化計画より、50年スパンの年次別更新費用を採用してコスト縮減を図りました。

　この結果、40年間総額　119億円（当初試算額を56.3%削減）、年平均3.0億円の試算結果を採用しました。

＜インフラ更新コスト試算＞ *(当初試算)*

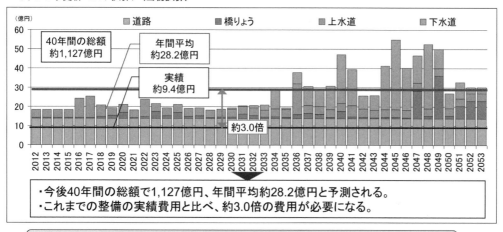

＜インフラ更新コスト試算結果＞ *(削減・精度向上結果反映)*

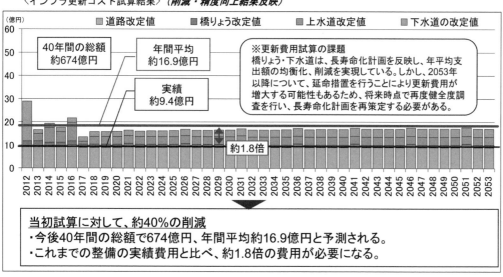

第Ⅳ章　更新費用試算ソフトの活用事例＜応用編＞

2 日常管理での活用

(1) 年度更新管理〈公共施設一覧の活用〉

> 日常的な業務での活用例として、公共施設一覧を用いて年1回、資産情報を更新し、継続的に実態把握を実施する方法を示します。

1) 施設一覧（一元化された施設の基本情報）の更新

施設一覧情報のうち、他のデータベース等から取得する情報項目の例を示します。これらの情報を毎年更新することで、統廃合などによる保有施設の削減等の進捗・進行管理も行えます。

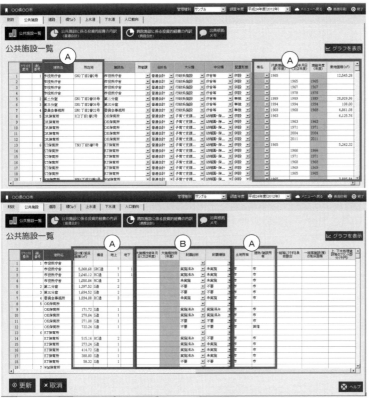

Ⓐ：施設台帳等による項目：施設建物名・所在地・建築年度・敷地面積・延床面積・構造階数等
Ⓑ：保全台帳による項目：大規模改修年月日・耐震診断・耐震補強

図 年度更新における保有施設量の変動（イメージ）

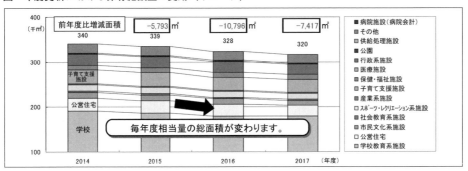

2) 他の所管データの集約と日常管理

本ソフトのデータ更新は、決算時など年度単位での実施が基本になります。他のデータベースにある財政や施設などの基本情報と、所管単位で分割したデータを各施設管理者で更新したものを集約、EXCELなどで合算したデータを本ソフトに入力することで、一元管理します。さらに、土地建物概要書や施設カルテといった帳票に情報を集約し、保全情報などの日常管理につなげます。

図　日常管理（年度更新）体制とデータフロー

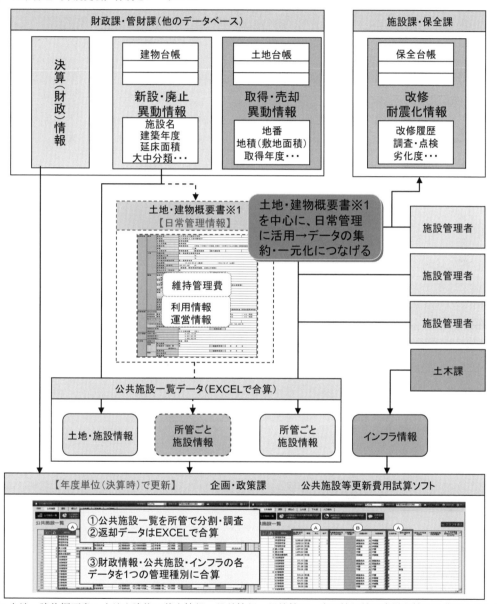

※1 土地・建物概要書：土地や建物の基本情報・設計情報、維持管理・劣化情報等の多様な情報を集約したもの

3) 規模・構造別の整理

保全計画の策定やその基礎となる劣化調査などでに先がけ、保有施設を床面積の規模別や構造別で整理し、構造特性を把握します。この特性を考慮し、対象施設や必要な調査項目等を調整します。これは建物の保有設備や劣化傾向などが、その構造や規模によって大きく異なる場合があるためです。

図　規模別の棟数と延床面積の整理例

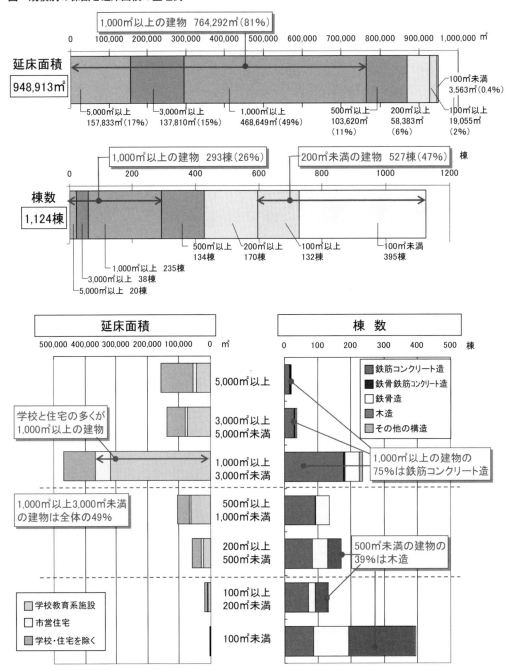

4）地域別の整理

　下図は公共施設を地域別で整理した例です。地域別の整理では、各地域単位で保有施設の状況を整理すると共に、地域の面積、人口等を重ねて示すことで、施設整備状況の地域特性を把握できます。また、保有施設については、地域ごとの老朽化状況や量的な情報を、用途別の保有面積比率等と合せて示すことで、当該地域ごとの機能配置に関する特徴と、維持・更新計画を重ね合わせて検討するための情報を提供します。これにより、各地域の特性に合った機能配置の検討や、具体的な施設維持・更新計画で配慮すべき課題等の整理を支援します。

図　地域別の整理例

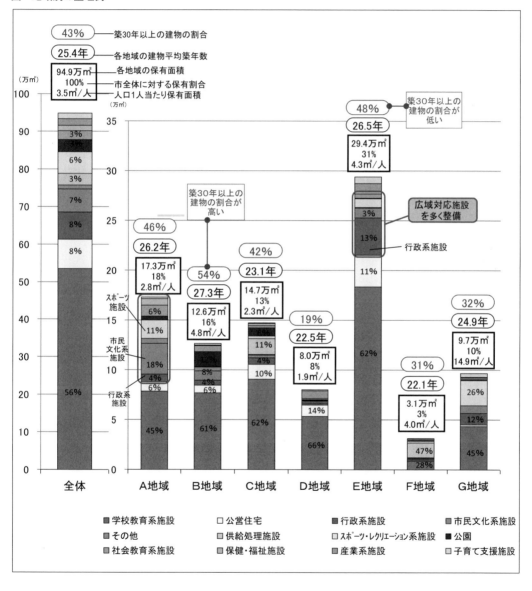

参考資料

1 公共施設等総合管理計画の策定要請
2 インフラ長寿命化基本計画
3 まちづくりのための公的不動産(PRE)有効活用ガイドライン《抜粋》
4 更新費用試算ソフトQ&A

参考資料－1　公共施設等総合管理計画の策定要請

報道資料

平成26年4月22日

公共施設等総合管理計画の策定要請

　本日、地方公共団体に対して、公共施設等の総合的かつ計画的な管理を推進するため、速やかに「公共施設等総合管理計画」の策定に取り組むよう要請を行いました。
(別添1)

　また、「公共施設等総合管理計画」の記載事項・留意事項をまとめた「公共施設等総合管理計画の策定にあたっての指針」を地方公共団体に対して通知しました。
(指針概要：別添2、指針本文：別添3)

（連絡先）
自治財政局財務調査課
　担　当：村田課長補佐、神田主査
　電　話：03－5253－5647
　FAX：03－5253－5650

(別添1)

総財務第 74 号
平成 26 年 4 月 22 日

各都道府県知事
各指定都市市長 　殿

総務大臣　　新藤　義孝

公共施設等の総合的かつ計画的な管理の推進について

　我が国においては、公共施設等の老朽化対策が大きな課題となっております。地方公共団体においては、厳しい財政状況が続く中で、今後、人口減少等により公共施設等の利用需要が変化していくことが予想されることを踏まえ、早急に公共施設等の全体の状況を把握し、長期的な視点をもって、更新・統廃合・長寿命化などを計画的に行うことにより、財政負担を軽減・平準化するとともに、公共施設等の最適な配置を実現することが必要となっています。また、このように公共施設等を総合的かつ計画的に管理することは、地域社会の実情にあった将来のまちづくりを進める上で不可欠であるとともに、昨今推進されている国土強靱化（ナショナル・レジリエンス）にも資するものです。
　国においては、「経済財政運営と改革の基本方針～脱デフレ・経済再生～」（平成25年6月14日閣議決定）における「インフラの老朽化が急速に進展する中、「新しく造ること」から「賢く使うこと」への重点化が課題である。」との認識のもと、平成25年11月には、「インフラ長寿命化基本計画」が策定されたところです。
　各地方公共団体においては、こうした国の動きと歩調をあわせ、速やかに公共施設等の総合的かつ計画的な管理を推進するための計画（公共施設等総合管理計画）の策定に取り組まれるよう特段のご配慮をお願いします。
　また、各都道府県においては、貴都道府県内市区町村（指定都市を除く。）に対しても本通知について速やかにご連絡いただき、その趣旨が徹底されますようお願いします。

（別添2）

平成26年4月22日
自治財政局財務調査課

公共施設等総合管理計画策定指針の概要①

公共施設等総合管理計画の内容

1 所有施設等の現状

全ての公共施設等を対象に、以下の項目などについて、現状や課題を客観的に把握・分析。

▷ 老朽化の状況や利用状況をはじめとした公共施設等の状況
▷ 総人口や年代別人口についての今後の見通し
▷ 公共施設等の維持管理・更新等に係る中長期的な経費やこれらの経費に充当可能な財源の見込み

2 施設全体の管理に関する基本的な方針

▷ 計画期間
　10年以上とすることが望ましい。

▷ 全庁的な取組体制の構築及び情報管理・共有方策
　全ての公共施設等の情報を管理・集約する部署を定めるなどして取り組むことが望ましい。

▷ 現状分析を踏まえた基本方針
　現状分析を踏まえ、今後の公共施設等の管理に関する基本方針を記載。

▷ バージョンアップ
　計画の進捗状況等についての評価の実施について記載。評価結果等の議会への報告や公表方法についても記載することが望ましい。なお、今後は、管理を行うに際し基礎となる情報として、固定資産台帳等を利用していくことが望ましい。

3 地方財政措置

▷ 計画策定に要する経費について、平成26年度からの3年間にわたり特別交付税措置（措置率 1/2）
▷ 計画に基づく公共施設等の除却について、地方債の特例措置を創設（地方財政法改正）

　　特例期間　平成26年度以降当分の間、地方債の充当率 75%（資金手当）
　　地方債計画上額　300億円（一般単独事業（一般）の内数）

参考資料　141

公共施設等総合管理計画策定指針の概要②

公共施設等総合管理計画に基づく老朽化対策の推進イメージ

公共施設等の管理

○ 長期的視点に立った老朽化対策の推進
○ 適切な維持管理・修繕の実施
○ トータルコストの縮減・平準化
○ 計画の不断の見直し・充実

国土強靱化

○ 計画的な点検・診断
○ 修繕・更新の履歴の集積・蓄積
○ 公共施設等の安全性の確保
○ 耐震化の推進

まちづくり

○ PPP/PFIの活用
○ 将来のまちづくりを見据えた検討
○ 議会・住民との情報及び現状認識の共有

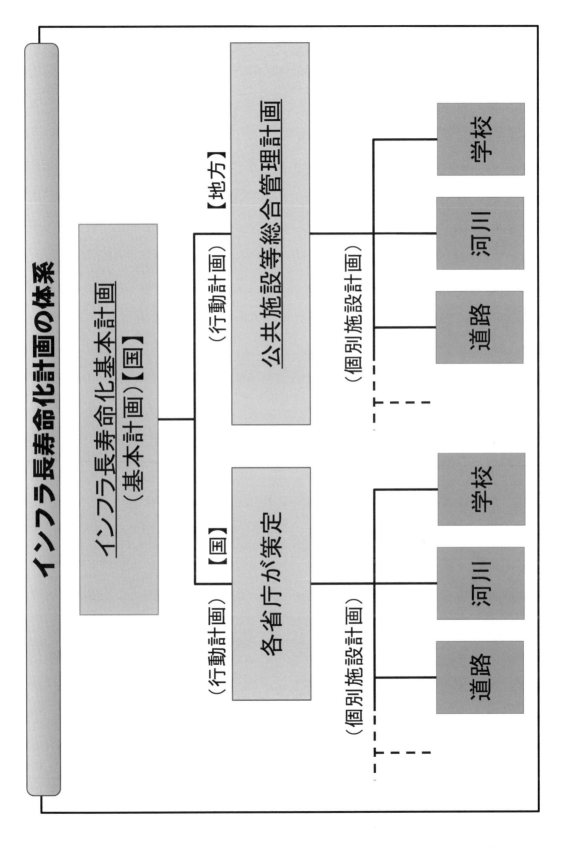

(別添３)

総財務第 75 号
平成 26 年 4 月 22 日

各都道府県公共施設マネジメント担当部長
各都道府県市区町村担当部長　　　　　　　殿
各指定都市公共施設マネジメント担当局長

　　　　　　　　　　　　　総務省自治財政局財務調査課長

公共施設等総合管理計画の策定にあたっての指針の策定について

　標記については、「公共施設等の総合的かつ計画的な管理の推進について」（平成26年4月22日付総財務第74号総務大臣通知）により公共施設等総合管理計画（以下「総合管理計画」という。）の策定を要請しているところですが、今般、総務省において別添のとおり「公共施設等総合管理計画の策定にあたっての指針」を策定しました。

　各地方公共団体におかれては、本指針を参考とするほか、「インフラ長寿命化基本計画」（平成25年11月29日インフラ老朽化対策の推進に関する関係省庁連絡会議決定）を参考として総合管理計画を策定し、公共施設等の総合的かつ計画的な管理を推進されるようお願いします。

　また、各都道府県及び各指定都市におかれては、本通知の趣旨を十分御理解いただくとともに、各都道府県におかれては、貴都道府県内市区町村（指定都市を除く。）に対しても本通知について速やかにご連絡いただき、その趣旨が周知徹底されますようお願いします。

　なお、この通知は、地方自治法（昭和22年法律第67号）第245条の4第1項（技術的な助言）に基づくものであることを申し添えます。

(別添)

公共施設等総合管理計画の策定にあたっての指針

平成 26 年 4 月 22 日
総　務　省

　我が国において公共施設等の老朽化対策が大きな課題となっておりますが、地方公共団体においては、厳しい財政状況が続く中で、今後、人口減少等により公共施設等の利用需要が変化していくことが予想されることを踏まえ、早急に公共施設等の全体の状況を把握し、長期的な視点をもって、更新・統廃合・長寿命化などを計画的に行うことにより、財政負担を軽減・平準化するとともに、公共施設等の最適な配置を実現することが必要となっています。また、このように公共施設等を総合的かつ計画的に管理することは、地域社会の実情にあった将来のまちづくりを進める上で不可欠であるとともに、昨今推進されている国土強靱化（ナショナル・レジリエンス）にも資するものです。

　国においては、「経済財政運営と改革の基本方針～脱デフレ・経済再生～」（平成 25 年 6 月 14 日閣議決定）において、「インフラの老朽化が急速に進展する中、『新しく造ること』から『賢く使うこと』への重点化が課題である」とされ、「日本再興戦略-JAPAN is BACK-」（平成 25 年 6 月 14 日閣議決定）においても、「国、自治体レベルの全分野にわたるインフラ長寿命化計画（行動計画）を策定する」とされたところです。

　平成 25 年 11 月には、この「日本再興戦略-JAPAN is BACK-」に基づき、「インフラ長寿命化基本計画」が策定され、地方公共団体においてもインフラ長寿命化計画（行動計画）・個別施設ごとの長寿命化計画（個別施設計画）を策定すること及びこれらの計画に基づき点検等を実施した上で適切な措置を講じることが期待されています。

　各地方公共団体におかれては、これらの状況を踏まえ、速やかに公共施設等総合管理計画（以下「総合管理計画」という。）の策定に取り組まれるようお願いします。なお、総合管理計画の策定にあたっては、「インフラ長寿命化基本計画」も参考にされるようお願いします。

第一　総合管理計画に記載すべき事項
　　　以下の項目について所要の検討を行い、その検討結果を総合管理計画に記載することが適当である。
　一　公共施設等の現況及び将来の見通し
　　　以下の項目をはじめ、公共施設等[i]及び当該団体を取り巻く現状や将来にわたる見通し・課題を客観的に把握・分析すること。なお、これらの把握・分析は、公共施設等全体を対象とするとともに、その期間は、できるかぎり長期間であることが望ましいこと。
　（1）老朽化の状況や利用状況をはじめとした公共施設等の状況
　（2）総人口や年代別人口についての今後の見通し（30 年程度が望ましい）

（3）公共施設等の維持管理[ii]・修繕[iii]・更新[iv]等に係る中長期的な経費の見込みやこれらの経費に充当可能な財源の見込み等

二 公共施設等の総合的かつ計画的な管理に関する基本的な方針

上記「一 公共施設等の現況及び将来の見通し」を踏まえ、以下の項目など公共施設等の総合的かつ計画的な管理に関する基本的な方針を定めること。

（1）計画期間

計画期間について記載すること。なお、総合管理計画は、当該団体の将来の人口や財政の見通し等をもとに長期的な視点に基づき検討するものであるが、一方で、個別施設毎の長寿命化計画（個別施設計画）[v]に係る基本的な方針に関するものでもあることから、「一 公共施設等の現況及び将来の見通し」の期間に関わらず設定する（ただし、少なくとも10年以上の計画期間とする）ことも可能であること。

（2）全庁的な取組体制の構築及び情報管理・共有方策

公共施設等の管理については、現状、施設類型（道路、学校等）ごとに各部局において管理され、必ずしも公共施設等の管理に関する情報が全庁的に共有されていないことに鑑み、総合的かつ計画的に管理することができるよう、全庁的な取組体制について記載すること。なお、情報の洗い出しの段階から、全庁的な体制を構築し、公共施設等の情報を管理・集約する部署を定めるなどして取り組むことが望ましいこと。

（3）現状や課題に関する基本認識

当該団体としての現状や課題に対する認識（充当可能な財源の見込み等を踏まえ、公共施設等の維持管理・更新等がどの程度可能な状況にあるか、総人口や年代別人口についての今後の見通しを踏まえた利用需要を考えた場合、公共施設等の数量等が適正規模にあるかなど）を記載すること。

（4）公共施設等の管理に関する基本的な考え方

今後当該団体として、更新・統廃合・長寿命化など、どのように公共施設等を管理していくかについて、現状や課題に対する認識を踏まえた基本的な考え方を記載すること。また、将来的なまちづくりの視点から検討を行うとともに、PPP[vi]/PFI[vii]の活用などの考え方について記載することが望ましいこと。

具体的には、計画期間における公共施設等の数や延べ床面積等の公共施設等の数量に関する目標を記載するとともに、以下の事項について考え方を記載すること。

① 点検・診断等の実施方針

今後の公共施設等の点検・診断等の実施方針について記載すること。なお、点検・診断等の履歴を集積・蓄積し、総合管理計画の見直しに反映し充実を図るとともに、維持管理・修繕・更新を含む老朽化対策等に活かしていくべきであること。

② 維持管理・修繕・更新等の実施方針

維持管理・修繕・更新等の実施方針（予防保全型維持管理[viii]の考え方を取り入れる、トータルコスト[ix]の縮減・平準化を目指す、必要な施設のみ更新す

るなど）などを記載すること。更新等の方針については、⑥統合や廃止の推進方針との整合性や公共施設等の供用を廃止する場合の考え方について留意すること。

なお、維持管理・修繕・更新等の履歴を集積・蓄積し、総合管理計画の見直しに反映し充実を図るとともに、老朽化対策等に活かしていくべきであること。

③安全確保の実施方針

点検・診断等により高度の危険性が認められた公共施設等や老朽化等により供用廃止されかつ今後とも利用見込みのない公共施設等への対処方針等、危険性の高い公共施設等に係る安全確保の実施方針について記載すること。

④耐震化の実施方針

公共施設等の平常時の安全だけでなく、災害時の拠点施設としての機能確保の観点も含め、必要な公共施設等に係る耐震化の実施方針について記載すること。

⑤長寿命化の実施方針

修繕又は予防的修繕等による公共施設等の長寿命化の実施方針について記載すること。

⑥統合や廃止の推進方針

公共施設等の利用状況及び耐用年数等を踏まえ、公共施設等の供用を廃止する場合の考え方や、現在の規模や機能を維持したまま更新することは不要と判断される場合等における他の公共施設等との統合の推進方針について記載すること。

なお、検討にあたっては、他目的の公共施設等や民間施設の利用・合築等についても検討することが望ましいこと。

⑦総合的かつ計画的な管理を実現するための体制の構築方針

全職員を対象とした研修や担当職員の技術研修等の実施方針を記載するほか、適正管理に必要な体制について、民間も含めた体制整備の考え方も記載することが望ましいこと。

（5）フォローアップの実施方針

総合管理計画の進捗状況等について評価を実施し、必要に応じ計画を改訂する旨を記載すること。なお、評価結果等の議会への報告や公表方法についても記載することが望ましいこと。

三　施設類型ごとの管理に関する基本的な方針

上記「二　公共施設等の総合的かつ計画的な管理に関する基本的な方針」中（3）及び（4）の各項目のうち必要な事項について、施設類型（道路、学校等）の特性を踏まえて定めること。なお、個別施設計画との整合性に留意すること。

第二　総合管理計画策定にあたっての留意事項

総合管理計画の策定にあたっては、以下の事項について所要の検討を行うことが適

当である。
一　行政サービス水準等の検討

　　公共施設等の総合的かつ計画的な管理の推進の前提として、当該団体としてあるべき行政サービス水準を検討することが望ましいこと。その上で、個別の公共施設等において提供しているサービスの必要性について検討するに際しては、当該サービスが公共施設等を維持しなければ提供不可能なものであるか（民間代替可能性）など、公共施設等とサービスの関係について十分に留意することが必要であること。

二　公共施設等の実態把握及び総合管理計画の策定・見直し

　　総合管理計画は、必ずしも全ての公共施設等の点検を実施した上で策定することを前提としたものではなく、まずは現段階において把握可能な公共施設等の状態（建設年度、利用状況、耐震化の状況、点検・診断の結果等）や現状における取組状況（点検・診断、維持管理・修繕・更新等の履歴等）を整理し策定されたいこと。

　　また、総合管理計画の策定後も、当該計画及び個別施設計画に基づく点検・診断等の実施を通じて不断の見直しを実施し順次充実させていくことが適当であること。

三　議会や住民との情報共有等

　　当該団体における公共施設等の最適な配置を検討するにあたっては、まちづくりのあり方に関わるものであることから、個別施設の老朽化対策等を行う事業実施段階においてのみならず、総合管理計画の策定段階においても、議会や住民への十分な情報提供等を行いつつ策定することが望ましいものであること。

四　数値目標の設定

　　総合管理計画の策定にあたっては、総合管理計画がまちづくりや住民に提供する行政サービスにも影響を及ぼすものであることから、計画の実効性を確保するため、計画期間における公共施設等の数・延べ床面積等に関する目標やトータルコストの縮減・平準化に関する目標などについて、できるかぎり数値目標を設定するなど、目標の定量化に努めること。なお、数値目標は特定の分野のみを対象とすることなく、公共施設等の全体を対象とすることが望ましいこと。

五　PPP/PFIの活用について

　　公共施設等の更新などに際しては、民間の技術・ノウハウ、資金等を活用することが有効な場合もあることから、総合管理計画の検討にあたっては、PPP/PFIの積極的な活用を検討されたいこと。また、公共施設等の情報を広く公開することが民間活力の活用にもつながることが予想されることから、公共施設等に関する情報については、積極的な公開に努めること。

六　市区町村域を超えた広域的な検討等について

　　総合管理計画の策定にあたっては、市区町村間の広域連携を一層進めていく観点から、例えば定住自立圏形成協定の圏域などにおいては、自団体のみならず、隣接する市区町村を含む広域的視野をもって計画を検討することが望ましいこと。

　　また、都道府県にあっては、圏域の市区町村の公共施設等も念頭に広域的視野をもって総合管理計画を検討することが望ましいこと。

七　合併団体等の取組について

合併団体においては、公共施設等の統廃合の難航等が課題となっていること、また、過疎地域等においては、都市部と比べ人口減少や高齢化が急激に進んでいることなど、公共施設等を建設した当時と比較して環境が大きく変化している場合も多いことから、特に早急に総合管理計画の策定を検討していくことが望ましいこと。

第三　その他
　　公共施設等の総合的かつ計画的な管理により老朽化対策等を推進するにあたっては、第二の留意事項のほか、以下の点についても留意されたいこと。
一　「インフラ長寿命化基本計画」（平成25年11月29日インフラ老朽化対策の推進に関する関係省庁連絡会議決定）について
　　平成25年11月29日に決定された「インフラ長寿命化基本計画」においては、地方公共団体においてインフラ長寿命化計画（行動計画）×を策定することが期待されているが、総合管理計画は、これに該当するものであること。
　　なお、「インフラ長寿命化基本計画」においては、地方公共団体をはじめとする各インフラの管理者への支援として、国が有する技術的知見やノウハウを提供することが定められており、また、個別施設計画の策定にあたっては、各インフラの所管省庁より技術的助言等が実施される予定となっていることから、参考にされたいこと。
二　公営企業分野に係る施設について
　　公営企業に係る施設も総合管理計画の対象となること。
　　なお、総務省では、社会資本の老朽化が進む中で公営企業に係る施設・財務等の経営基盤の強化を図るために「公営企業の経営戦略の策定等に関する研究会」を設置し検討を行ってきたところであり、同研究会における報告書及びそれを踏まえて予定されている「公営企業の経営に当たっての留意事項について」（平成21年7月8日付け総財公第103号、総財企第75号、総財経第96号総務省自治財政局公営企業課長、総務省自治財政局公営企業経営企画室長、総務省自治財政局地域企業経営企画室長通知）の改定にも留意すること。
三　公共施設マネジメントの取組状況調査の実施等について
　　各地方公共団体における総合管理計画の策定にあたっては、今後、昨年度実施した公共施設マネジメントの取組状況調査の結果や先進団体の事例等を総務省のホームページ（http://www.soumu.go.jp/iken/koushinhiyou.html）に掲載することとしているので参考にされたいこと。なお、今年度以降も公共施設マネジメントの取組状況調査の実施を予定しているので、この結果等についても参考にされたいこと。また、総合管理計画策定に係る基本的なQ&Aも併せて掲載することとしており、参考にされたいこと。
四　更新費用試算ソフトの活用について
　　総務省のホームページ（http://www.soumu.go.jp/iken/koushinhiyou.html）において、簡易に更新費用の推計を行うことのできる更新費用試算ソフトを公開している。このソフトは、調査表にデータを入力することにより、更新費用を推計することができるものとなっていることから、各地方公共団体における総合管理計画の策定にあた

っての検討に寄与するものであり、必要に応じ活用されたいこと。
五　総合管理計画の策定に係る財政措置等について

　　総合管理計画の策定に要する経費について、平成26年度からの3年間にわたり、特別交付税措置を講じることとしていること。あわせて、去る平成26年3月20日の地方交付税法等の一部を改正する法律の成立に伴い、平成26年度から、総合管理計画に基づく公共施設等（公営企業に係るものを除く。）の除却に地方債の充当を認める特例措置が講じられたこと。なお、公営企業に係る施設等については、これまで水道事業等に限定されていた施設処分に公営企業債の充当を認める取扱いを全ての事業区分に広げることとしていること。

六　地方公会計（固定資産台帳）との関係

　　総務省においては、複式簿記の導入や固定資産台帳の整備を前提とした新たな財務書類の作成基準の設定に向け、「今後の新地方公会計の推進に関する研究会」の下に2つの作業部会を設け、具体的な検討を進めてきたところであり、近く最終的なとりまとめがなされる見込みである。その後、新たな基準の周知とともに、固定資産台帳を含む財務書類等の作成マニュアルを作成した上で、各地方公共団体に対し、新たな基準に基づく財務書類等の作成を要請することとしているので、この動向に留意されたいこと。

　　総合管理計画は、現時点においては、固定資産台帳の作成や公会計の整備を前提とするものではないが、公共施設等の維持管理・修繕・更新等に係る中長期的な経費の見込みを算出することや、公共施設等の総合的かつ計画的な管理に関する基本的な方針等を充実・精緻化することに活用することが考えられることから、将来的には、固定資産台帳等を利用していくことが望ましいものであること。

---

[i] 公共施設等・・・公共施設、公用施設その他の当該地方公共団体が所有する建築物その他の工作物をいう。具体的には、いわゆるハコモノの他、道路・橋りょう等の土木構造物、公営企業の施設（上水道、下水道等）、プラント系施設（廃棄物処理場、斎場、浄水場、汚水処理場等）等も含む包括的な概念である。

[ii] 維持管理・・・施設、設備、構造物等の機能の維持のために必要となる点検・調査、補修などをいう。

[iii] 修繕・・・公共施設等を直すこと。なお、修繕を行った後の効用が従前より大きいか小さいかを問わない。

[iv] 更新・・・老朽化等に伴い機能が低下した施設等を取り替え、同程度の機能に再整備すること。

[v] 個別施設毎の長寿命化計画（個別施設計画）・・・インフラ長寿命化基本計画に定める個別施設毎の長寿命化計画（個別施設計画）をいう。

[vi] PPP・・・Public Private Partnership の略。公共サービスの提供に民間が参画する手法を幅広く捉えた概念で、民間資本や民間のノウハウを利用し、効率化や公共サービスの向上を目指すもの。

[vii] PFI・・・Public Finance Initiative の略。公共施設等の建設、維持管理、運営等を民間の資金、経営能力及び技術的能力を活用することで、効率化やサービス向上を図る公共事業の手法をいう。

[viii] 予防保全型維持管理・・・損傷が軽微である早期段階に予防的な修繕等を実施することで、機能の保持・回復を図る管理手法をいう。（（参考）事後的管理・・・施設の機能や性能に関する明らかな不都合が生じてから修繕を行う管理手法をいう。）

[ix] トータルコスト・・・中長期にわたる一定期間に要する公共施設等の建設、維持管理、更新等に係る経費の合計をいう。

[x] インフラ長寿命化計画（行動計画）・・・インフラ長寿命化基本計画において定めるインフラ長寿命化計画（行動計画）をいう。

参考資料－2　インフラ長寿命化基本計画

インフラ長寿命化基本計画

平成25年11月

インフラ老朽化対策の推進に関する関係省庁連絡会議

目　次

Ⅰ．はじめに　　・・・・・・・・・・・・・・・　1

Ⅱ．目指すべき姿　　・・・・・・・・・・・・・　2

Ⅲ．基本的な考え方　　・・・・・・・・・・・・　3

Ⅳ．インフラ長寿命化計画等の策定　　・・・・・　5

Ⅴ．必要施策の方向性　　・・・・・・・・・・・　8

Ⅵ．国と地方公共団体の役割　　・・・・・・・・　16

Ⅶ．産学界の役割　　・・・・・・・・・・・・・　17

Ⅷ．その他　　・・・・・・・・・・・・・・・・　18

（別添）ロードマップ　　・・・・・・・・・・　19

Ⅰ．はじめに

　国民生活やあらゆる社会経済活動は、道路・鉄道・港湾・空港等の産業基盤や上下水道・公園・学校等の生活基盤、治山治水といった国土保全のための基盤、その他の国土、都市や農山漁村を形成するインフラによって支えられている。

　我が国では、昭和３９年に開催された東京オリンピックと同時期に整備された首都高速１号線など、高度成長期以降に集中的に整備されたインフラが今後一斉に高齢化する。例えば、今後２０年で、建設後５０年以上経過する道路橋（橋長２ｍ以上）の割合は現在の約１６％から約６５％となるなど、高齢化の割合は加速度的に増加する。

　これらのインフラの中には、建設年度や構造形式等の施設諸元や、劣化や損傷等の老朽化の進展状況など、維持管理に必要な情報が不明な施設も多く存在している。また、維持管理に係る基準やマニュアル等は管理者間でばらつきが存在するほか、国・地方を通じ職員定数の削減が進む中、地方公共団体の中には維持管理を担当する技術職員が不在、若しくは不足している団体も存在するなど、制度や体制についても、我が国全体として十分とは言えないという指摘もある。このような現状に至った背景には、戦後、短期間で集中的にインフラ整備を進める必要があったことや、経年劣化や疲労等に伴う損傷はその進行速度が遅く、問題が顕在化するまでに長期間を要するため必要な措置が講じられてこなかったことなどが考えられ、一刻も早く取組を開始する必要がある。

　一方、インフラ長寿命化に資する新技術の研究開発・実証やその導入も重要であり、国として戦略的に推進していく必要がある。センサーやロボット、非破壊検査技術等、劣化や損傷状況等の様々な情報を把握・蓄積・活用する技術は、研究機関や産業界を中心に開発が進められており、これらを維持管理に活用することで、インフラの安全性・信頼性や業務の効率性の向上等が図られることが期待される。

　今後、約８００兆円に及ぶインフラストックの高齢化に的確に対応するとともに、首都直下地震や南海トラフ巨大地震等の大規模災害に備え、成長著しいアジアの新興国との競争に打ち勝ちながら世界の先進国として存り続けるためには、国土、都市や農山漁村を形成するあらゆる基盤を広く「インフラ」として捉え、これまで以上に戦略的に取組を進めることが重要である。

　このため、国民の安全・安心を確保し、中長期的な維持管理・更新等に係るトータルコストの縮減や予算の平準化を図るとともに、維持管理・更新に係る産業（メンテナンス産業）の競争力を確保するための方向性を示すものとして、国や地方公共団体、その他民間企業等が管理するあらゆるインフラを対象に、「インフラ長寿命化基本計画（以下「基本計画」という。）」を策定し、国や地方公共団体等が一丸となってインフラの戦略的な維持管理・更新等を推進する。

Ⅱ．目指すべき姿

戦略的な維持管理・更新等が行われた将来の目指すべき姿を示すとともに、年次目標等を設定し、その達成に向けたロードマップを明らかにする。
　　（ロードマップは別添）

（1）安全で強靱なインフラシステムの構築

　我が国は、戦後の厳しい社会経済情勢の中、度重なる大規模災害等の経験を踏まえつつ、困難な地形条件を克服し、多様な気象条件に適応するための取組を進めてきた。その過程において、必要なインフラ整備を推進し、新技術を開発・導入することで、安全性や利便性に係るインフラの機能や建設技術の高度化が図られてきた。

　今後は、これまでに整備したインフラの老朽化や、切迫する首都直下地震や南海トラフ巨大地震等の大規模災害に対応し、国民の安全・安心を確保することが求められる。

　未成熟の維持管理・更新に係る技術（メンテナンス技術）の基盤強化を図り、建設から維持管理・更新に至る一連のサイクルにおいて世界最先端の技術を開発・導入するなど、将来にわたって安全で強靱なインフラを維持・確保するためのシステムを構築することで、国土の脆弱性に対応する。

〔目標〕
- 国内の重要インフラ・老朽インフラの20%でセンサー、ロボット、非破壊検査技術等の活用により点検・補修を高度化（2020年頃）※
- 新材料の実用化に目途（2020年頃）※
- 国内の重要インフラ・老朽インフラの全てでセンサー、ロボット、非破壊検査技術等を活用した高度で効率的な点検・補修を実施（2030年）※
- 老朽化に起因する重要インフラの重大事故ゼロ（2030年）※

（2）総合的・一体的なインフラマネジメントの実現

　変化のスピードが速く、複雑化した社会経済システムの下では、既存のインフラを安全に安心して利用し続けられるようにするための取組はもとより、時代とともに変化する社会の要請に的確に対応していくことが必要である。

　一方、厳しい財政状況下において人口減少や少子高齢化が進展する将来を見据えると、維持すべきインフラの機能の適正化を図るとともに、官民が連携してそれらを賢く使うなど、戦略的に維持管理・更新等を行うことが重要である。

　アイデアやビジョンにとどまることなく、必要な人材の確保・育成も含め、総合的かつ一体的にインフラをマネジメントすることにより、トータルコストの縮減や予算の平準化を図り、持続可能で活力ある未来を実現する。

〔目標〕
- 行動計画で対象とした全ての施設について個別施設毎の長寿命化計画を策定（2020年頃）
- 適切な点検・修繕等により行動計画で対象とした全ての施設の健全性を確保（2020年頃）

（3）メンテナンス産業によるインフラビジネスの競争力強化

インフラの老朽化への対応は万国共通の課題である。今後、アジアの新興国などで整備されているインフラが一斉に老朽化していくことに鑑みると、その重要性は一層高まるものと考えられる。

今後は、世界最先端の技術に支えられた安全で強靱なインフラを維持・確保するシステムをインフラビジネスの柱の一つとして位置付け、メンテナンス産業として発展させることが重要である。

研究開発の推進によるイノベーションの創出や市場の整備、国際展開等の取組を通じ、メンテナンス産業において世界のフロントランナーとしての地位を築き、我が国のインフラビジネスの競争力強化を実現する。

〔目標〕
・点検・補修等のセンサー・ロボット等の世界市場の３割を獲得（2030年）※

※ 「日本再興戦略-JAPAN is BACK-」に記載されている目標値

Ⅲ．基本的な考え方

１．インフラ機能の確実かつ効率的な確保

（1）安全・安心の確保

国民生活や社会経済活動の基盤であるインフラは、時代とともに変化する社会の要請を踏まえつつ、利用者や第三者の安全を確保した上で、必要な機能を確実に発揮し続けることが大前提であり、そのために必要な取組を確実に推進する。

① メンテナンスサイクルの構築

インフラは、利用状況、設置された自然環境等に応じ、劣化や損傷の進行は施設毎に異なり、その状態は時々刻々と変化する。現状では、これらの変化を正確に捉え、インフラの寿命を精緻に評価することは技術的に困難であるという共通認識に立ち、インフラを構成する各施設の特性を考慮した上で、定期的な点検・診断により施設の状態を正確に把握することが重要である。

このため、点検・診断の結果に基づき、必要な対策を適切な時期に、着実かつ効率的・効果的に実施するとともに、これらの取組を通じて得られた施設の状態や対策履歴等の情報を記録し、次期点検・診断等に活用するという、「メンテナンスサイクル」を構築し、継続的に発展させていく。

② 多段階の対策

維持管理・更新に係る技術的知見やノウハウは、未だ蓄積途上である。このため、新たに得られた知見やノウハウを確実に蓄積し、それらを基に、管理水準を向上させる取組を継続していく。

一方、修繕や更新の実施時期等の判断には限界があることを考慮する必要がある。このため、劣化や損傷が直ちに利用者や第三者の被害につながることがないよう、施設の特性に応じて必要な多段階の対策（フェイルセーフ）を講じていく。

（２）中長期的視点に立ったコスト管理

厳しい財政状況下で必要なインフラの機能を維持していくためには、様々な工夫を凝らし、的確に維持管理・更新等を行うことで中長期的なトータルコストの縮減や予算の平準化を図る必要がある。これらを確実に実行することにより、インフラ投資の持続可能性を確保する。

① 予防保全型維持管理の導入

中長期的な維持管理・更新等に係るトータルコストを縮減し、予算を平準化していくためには、インフラの長寿命化を図り、大規模な修繕や更新をできるだけ回避することが重要である。このため、施設特性を考慮の上、安全性や経済性を踏まえつつ、損傷が軽微である早期段階に予防的な修繕等を実施することで機能の保持・回復を図る「予防保全型維持管理」の導入を推進する。

② 維持管理の容易な構造の選択等

維持管理コストは、管理水準や採用する構造・技術等によって大きく変化する。このため、新設・更新時には、維持管理が容易かつ確実に実施可能な構造を採用するほか、修繕時には、利用条件や設置環境等の各施設の特性を考慮するなど、合理的な対策を選択する。

③ 社会構造の変化や新たなニーズへの対応

今後、グローバルな都市間競争や、人口減少、少子高齢化、地球温暖化等の進展が見込まれる中、インフラに求められる役割や機能も変化していくものと考えられる。このため、老朽化対策の検討に当たっては、その時点で各施設が果たしている役割や機能を再確認した上で、その施設の必要性自体を再検討する。

その結果、必要性が認められる施設については、更新等の機会を捉えて社会経済情勢の変化に応じた質的向上や機能転換、用途変更や複合化・集約化を図る一方、必要性が認められない施設については、廃止・撤去を進めるなど、戦略的な取組を推進する。

２．メンテナンス産業の育成

一連のメンテナンスサイクルを継続し、発展させていくためには、インフラの安全性・信頼性の向上や、維持管理・更新業務の効率性の向上を図るための新技術の開発・導入が極めて重要である。このため、

産学官の連携の下、研究開発を推進し、生み出される新技術を積極的に活用することで、メンテナンス産業に係る市場の創出・拡大を図る。
　これらを通じ、民間開発を活性化させ、我が国のメンテナンス技術を世界の最先端へと導くことで、世界をリードする輸出産業へと発展させる。

3．多様な施策・主体との連携
　インフラは、社会経済活動の基盤であり、インフラ相互はもとより、ソフト施策とも相まって、様々な機能を発揮する。このため、多様な施策や主体との連携により維持管理・更新等の効率化を図りつつ、その機能を最大限発揮させていく。

（1）防災・減災対策等との連携
　インフラがその機能を発揮し続けるためには、経年劣化や疲労に加え、地震動等の災害外力にも耐える必要がある。このため、修繕等の機会を捉え、インフラの防災・耐震性能や、事故に対する安全性能についても向上を図るなど、効率的・効果的な対策を推進する。

（2）様々な主体との連携
　限られた予算や人材で、安全性や利便性を維持・向上していくためには、新技術の開発・活用や、多様な主体との積極的な連携が重要である。このため、適切な役割分担の下、政府内や地方公共団体内の連携はもとより、国と地方公共団体、都道府県と市町村、官と民、地域社会等の相互連携を強化し、各々が責任を持って取組を推進する。

Ⅳ．インフラ長寿命化計画等の策定

　各インフラの管理者（管理者以外の者が法令等の規定によりそのインフラの維持管理・更新等を行う場合にあっては、その者。以下同じ。）及びその者に対して指導・助言するなど当該インフラを所管する立場にある国や地方公共団体の各機関(以下「各インフラを管理・所管する者」という。）は、本基本計画に基づき、インフラの維持管理・更新等を着実に推進するための中期的な取組の方向性を明らかにする計画として、「インフラ長寿命化計画（以下「行動計画」という。）」を策定する。
　さらに、各インフラの管理者は、行動計画に基づき、個別施設毎の具体の対応方針を定める計画として、「個別施設毎の長寿命化計画（以下「個別施設計画」という。）」を策定する。

1．インフラ長寿命化計画
　必要なインフラの機能を維持していくためには、メンテナンスサイクルを構築するとともに、それらを支える技術、予算、体制、制度を一体的に

整備することが必要である。
　このため、各インフラを管理・所管する者は、各施設の特性や維持管理・更新等に係る取組状況等を踏まえた上で、以下に示す記載事項を基本として行動計画をできるだけ早期に策定する。
　なお、各インフラを管理・所管する者が既に同種・類似の計画を策定している場合には、当分の間、当該計画をもって、行動計画の策定に代えることができるものとする。この場合において、各インフラを管理・所管する者は、本基本計画の趣旨を踏まえ、できるだけ早期に必要な見直しを行うよう努める。

　〔記載事項〕
　① 対象施設
　　　自らが管理者である又は所管する立場にあるインフラを構成する各施設のうち、安全性、経済性や重要性の観点から、計画的な点検・診断、修繕・更新等の取組を実施する必要性が認められる全ての施設について、行動計画の対象とする。

　② 計画期間
　　　後述の「Ⅳ．1．④中長期的な維持管理・更新等のコストの見通し」を踏まえつつ、「Ⅳ．1．⑤必要施策に係る取組の方向性」で明確化する事項の実施に要する期間を考慮の上、計画期間を設定する。
　　　なお、取組の進捗状況、情報や知見の蓄積状況等を踏まえ、適宜、計画の更新を実施することで、取組を継続し、発展させていくものとする。

　③ 対象施設の現状と課題
　　　対象施設について、維持管理・更新等に係る取組状況(点検・診断、修繕・更新等の措置の進捗状況、維持管理・更新等に係る情報や組織体制、基準等の整備状況等)や、行動計画の策定時点で把握可能な施設の状態(建設年度、利用状況、点検・診断の結果等)等を踏まえ、維持管理・更新等に係る課題を整理する。

　④ 中長期的な維持管理・更新等のコストの見通し
　　　行動計画の策定時点で把握可能な情報に基づき、対象施設の維持管理・更新等に係る中長期的なコストの見通しを明示する。
　　　なお、行動計画の策定時点で把握可能な情報が限定的であるなど、中長期的なコストの見通しに一定の精度が確保されず、必要施策に係る取組を検討する上で参考とすることが困難と判断される場合にあっては、必要な情報が蓄積できた段階で実施することとする。

⑤ 必要施策に係る取組の方向性
　　後述の「Ⅴ．必要施策の方向性」に掲げる施策のうち、「Ⅳ．１．③対象施設の現状と課題」や「Ⅳ．１．④中長期的な維持管理・更新等コストの見通し」に照らして必要性が高いと判断されるものについて、自らの取組の方向性を明確化する。
　　その際、「Ⅳ．２．個別施設毎の長寿命化計画」に基づく個別施設計画の策定方針についても明らかにする。

⑥ フォローアップ計画
　　「Ⅳ．１．⑤必要施策に係る取組の方向性」で明確にした取組について進捗状況を定期的に把握するなど、行動計画を継続し、発展させるための取組について明記する。

２．個別施設毎の長寿命化計画

　各インフラの管理者は、各施設の特性や維持管理・更新等に係る取組状況等を踏まえつつ、以下に示す記載事項を基本として、メンテナンスサイクルの核となる個別施設計画をできるだけ早期に策定し、これに基づき戦略的な維持管理・更新等を推進する。
　なお、各インフラの管理者が既に同種・類似の計画を策定している場合には、当分の間、当該計画をもって、個別施設計画の策定に代えることができるものとする。この場合において、各インフラの管理者は、本基本計画の趣旨を踏まえ、できるだけ早期に適切な見直しを行うよう努める。

〔記載事項〕
① 対象施設
　　行動計画において、個別施設計画を策定することとした施設を対象とする。計画の策定に当たっては、各施設の維持管理・更新等に係る取組状況や利用状況等に鑑み、個別施設のメンテナンスサイクルを計画的に実行する上で最も効率的・効果的と考えられる計画策定の単位（例えば、事業毎の分類（道路、下水道等）や、構造物毎の分類（橋梁、トンネル、管路等）等）を設定の上、その単位毎に計画を策定する。

② 計画期間
　　インフラの状態は、経年劣化や疲労等によって時々刻々と変化することから、定期点検サイクル等を考慮の上計画期間を設定し、点検結果等を踏まえ、適宜、計画を更新するものとする。
　　本基本計画で示す取組を通じ、知見やノウハウの蓄積を進め、計画期間の長期化を図ることで、中長期的な維持管理・更新等に係るコストの見通しの精度向上を図る。

③ 対策の優先順位の考え方
　　個別施設の状態（劣化・損傷の状況や要因等）の他、当該施設が果たしている役割、機能、利用状況、重要性等、対策を実施する際に考慮すべき事項を設定の上、それらに基づく優先順位の考え方を明確化する。

④ 個別施設の状態等
　　点検・診断によって得られた個別施設の状態について、施設毎に整理する。なお、点検・診断を未実施の施設については、点検実施時期を明記する。
　　また、「Ⅳ．2．③対策の優先順位の考え方」で明らかにした事項のうち、個別施設の状態以外の事項について、必要な情報を整理する。

⑤ 対策内容と実施時期
　　「Ⅳ．2③対策の優先順位の考え方」及び「Ⅳ．2．④個別施設の状態等」を踏まえ、次回の点検・診断や修繕・更新、さらには、更新の機会を捉えた機能転換・用途変更、複合化・集約化、廃止・撤去、耐震化等の必要な対策について、講ずる措置の内容や実施時期を施設毎に整理する。

⑥ 対策費用
　　計画期間内に要する対策費用の概算を整理する。

Ⅴ．必要施策の方向性

　「Ⅱ．目指すべき姿」の実現に向け、各インフラを管理・所管する者は、維持管理・更新等に係る取組状況や、把握している施設の状態等を踏まえ、以下に示す取組の具体化を図るとともに、それらを行動計画や個別施設計画としてとりまとめ、必要な取組を確実に実行する。

（1）点検・診断、修繕・更新等
〔点検・診断〕
　　各インフラの管理者は、行動計画や個別施設計画に基づき、できるだけ早期に必要な体制を整備し、定期的な点検により劣化・損傷の程度や原因等を把握するとともに、劣化・損傷が進行する可能性や施設に与える影響等について評価（診断）を実施する。
　　一方、点検・診断に必要な知見やノウハウは蓄積途上であることから、維持管理・更新等に係る基準等を自ら有していない管理者は、当分の間、国が定めた基準等を参考に点検・診断を実施するものとする。その取組を継続する中で、知見やノウハウを蓄積し、必要な基準等の整備や、

一定の技術力を持った人材の確保・育成に取り組むことで、点検・診断の精度向上を図る。

また、実施に当たっては、安全性の向上やコスト縮減に配慮しつつ、新技術を積極的に活用することで、有用な新技術の開発・導入・普及を後押しする。

〔修繕・更新等〕

各インフラの管理者は、各施設の健全性や行動計画等の策定時点で果たしている役割、機能、利用状況、重要性等を踏まえ、対策の優先順位の考え方を明確にした上で、行動計画や個別施設計画に基づき、必要な修繕・更新等を効率的かつ効果的に実施する。

その際、各施設の必要性自体についても再検討し、検討の結果、必要性が認められない施設については廃止や撤去を進めるほか、必要性が認められる施設にあっては、更新等の機会を捉え、社会経済情勢の変化に応じた用途変更や集約化なども含めて対応を検討する。また、維持管理・更新等に当たり、兼用工作物や占用物件が存在する施設等については、工事内容や実施時期等について事前に十分な調整を行うなど、効率的に実施する。

さらに、安全性の向上やコスト縮減に配慮しつつ、新技術を積極的に活用することで、有用な新技術の開発・導入・普及を後押しする。

(2) 基準類の整備

各インフラを管理・所管する者は、各施設の特性を踏まえ、各々、法令や要領、基準、マニュアル等の基準類を全体として過不足なく、整合性をもって体系的に整備する必要がある。

このため、国は、各施設の特性に応じ、メンテナンスサイクルを構築し、継続、発展させる上で不可欠な事項について、各インフラの管理者の対応の指針となる基本的な考え方や、必要な基準類を策定し、各インフラの管理者に提供する。これを踏まえ、各インフラを管理・所管する者は、各施設の特性に鑑み、維持管理・更新等に必要な基準類を整備する。

また、メンテナンスサイクルの取組を通じて得られた新たな知見やノウハウは、各インフラを管理・所管する者の間で相互に共有を図り、それらを基準類に反映することで、維持管理・更新等に係る取組の更なる高度化を図る。

その際、同種・類似の施設については、各インフラを管理・所管する者の間で連携を図るほか、各施設の利用状況や重要度等に応じて点検体制や実施ルール等の管理水準を設定するなど、効率化に向けた取組も推進する。

（3）情報基盤の整備と活用

　各インフラを管理・所管する者は、メンテナンスサイクルを継続し、発展させていくため、維持管理・更新等に係る情報を収集・蓄積する。さらに、それらを分析・利活用するとともに、広く国民に発信・共有することで、取組の改善を図る。

〔収集・蓄積〕

　各インフラを管理・所管する者は、建設当初の状態[※1]、経年劣化や疲労に影響を及ぼす要因[※2]、強度・機能の回復・向上に係る取組の履歴[※3]、最新の状態[※4]等について、その利活用も念頭に置きながら、情報の収集・蓄積を推進する。

　　※1　施設の諸元（建設時期、構造形式、施設規模、建設費用、施工者等）　等
　　※2　利用状況、気象条件、災害履歴　等
　　※3　修繕・更新の履歴（対策の実施時期・内容・費用、施工者等）　等
　　※4　点検・診断の履歴（劣化・損傷状況、健全性）　等

　情報の収集に当たっては、現在の手法に加え、センサーやICT等の新技術も活用し、情報の高度化、作業の省力化、コスト縮減を推進するとともに、得られた情報については、各インフラを管理・所管する者で相互に共有すること等を通じ、情報のビッグデータ化を図る。その際、蓄積される情報の質を確保することが重要であることから、国は、劣化・損傷レベルの判定等の判断を要する事項について、実施主体によらず一定の水準が確保されるよう、各施設の特性に応じた尺度で評価される仕組みを構築する。

　さらに、情報の蓄積に当たっては、利活用が容易となるよう、国は、電子化、フォーマットの統一はもとより、既存のデータベース等を最大限活用しつつ、3次元の形状データや施設の様々な属性を一体的にわかりやすい形式で管理できるシステム（Construction Information Modeling（CIM）等）の導入や、GISと衛星測位を活用した地理空間情報（G空間）との統合運用についても検討し、将来的には、得られた情報を自動で解析し、修繕や更新の時期、内容を明示するシステムを構築するなど、より汎用性の高いシステムを目指す。

　また、設計や施工時に作成・活用した図面等の図書や記録について、各施設の特性等も踏まえつつ、供用期間中の保存を義務付けることなどについても検討する。

〔分析・利活用〕

　各インフラを管理・所管する者は、メンテナンスサイクルの発展につなげるため、以下の観点から利活用を推進する。

・設計・施工時に検討・把握した維持管理上の留意事項等の継承による、効果的な維持管理の実施、作業の効率化

- 事故等が発生した場合における、同種・類似のリスクを有する施設の特定、予防的な対策の実施
- 安全の確保や、中長期的な維持管理・更新等に係るトータルコストの縮減や予算の平準化を図る上で有効な知見・ノウハウの基準等への反映や、過去に講じた対策や新技術の導入効果の分析等による、対策の高度化
- インフラの資産価値の評価等、国際的な標準化の動きへの対応

〔発信・共有〕

　各インフラを管理・所管する者は、インフラの維持管理・更新等の必要性や重要性に対する国民の理解を促進するとともに、老朽化が進むインフラの安全性に対する不安を払拭し、併せて、民間企業等における研究開発等の取組を促すため、必要な情報について広く発信し、共有化を図る。

　国は、これらの取組が円滑かつ効率的・効果的に図られるよう、各施設の特性等を踏まえつつ、維持管理・更新等に係る各データベース等とも連携しながら、情報プラットフォームを構築するとともに、情報の取扱いのルールを明確化し、メンテナンスサイクルの取組を進める中でその改善・充実を図る。

（4）新技術の開発・導入

〔老朽化対策における技術開発・導入の重要性・必要性〕

　予算の制約のある中で、インフラの老朽化対策を進め、インフラの安全性・信頼性を確保するためには、維持管理・更新等に係る費用の低減を図りつつ、目視等のこれまでの手法では確認困難であった損傷箇所等も的確に点検・診断・対処することが重要であり、そのためには、技術開発や新技術の導入を積極的に推進することが必要である。

〔技術開発・導入の方向性〕

　国は、技術開発を効果的・効率的に進めるため、技術開発に対する社会ニーズと、これに関連する技術シーズを的確に把握するとともに、これらのマッチングを図る。

　さらに、技術開発の成果を速やかに社会的な成果へとつなげ、メンテナンスサイクル全体の底上げを図るため、研究段階における実証実験等の実施や、実用化段階における試行の実施等について、関連する事業・施策とも連携しながら、一連の取組を円滑かつ強力に推進する。

　具体的には、ICT、センサー、ロボット、非破壊検査、補修・補強、新材料等に関する技術研究開発を進め、それらを積極的に活用するとともに、既存の技術や他分野の技術についてもその有用性を認識し、有効に活用する。さらに、その結果を速やかに評価し、有用な技術に

ついて基準等に反映することで、現場への導入を加速させる。評価の結果、課題がある場合には、改善点等を明らかにし、更なる技術の改善につなげる。

（5）予算管理

　各インフラの管理者は、厳しい財政状況下においても、必要な維持管理・更新等を適切に行えるよう、新技術の導入等によりコスト縮減を図りつつ、行動計画や個別施設計画に基づき投資することで、必要予算の平準化を図る。

　その際、既存インフラのみならず、今後新たに整備されるインフラも含め、総合的かつ計画的見地から維持すべきインフラの機能の適正化を図り、それらを賢く使うことで、維持管理・更新等に係るインフラ投資の効率化を図る。

　また、費用や効果に関する知見の蓄積を図るとともに、人口減少・少子高齢化の進展等の社会情勢の変化等に鑑み、必要に応じて受益と負担のあり方等についても再考し、必要な取組を推進することで、投資の持続可能性を確保する。

（6）体制の構築

　全てのインフラにおいてメンテナンスサイクルを確実に実行するため、各施設の特性に応じて、人員・人材等を確保することが必要である。

① 国

　国は、自らが管理・所有するインフラについて、全国各地で発生する劣化や損傷、災害等に迅速に対応するとともに、地方公共団体をはじめとする各インフラの管理者の技術力の維持・向上が図られるよう、本省と地方支分部局、更には研究機関等が、適切な役割分担の下、一体となって取組を進める体制を構築する。

　その際、新技術の開発・活用や、民間等の様々な主体との連携強化を図りつつ、組織・人員の再配置を行うことで、職員の技術力の維持・向上を図る。

〔資格・研修制度等の充実〕

　インフラの安全を確実に確保するためには、一定の技術的知見に基づき基準類を体系化するとともに、それらを正確に理解し、的確に実行することが不可欠である。さらに、今後、新技術の開発・導入に伴い、メンテナンス技術の高度化が期待され、それらを現場で的確に活用し、最大限の効果を発揮させることが重要である。

　このため、国は、維持管理・更新等に係る様々な知見やノウハウの集約を図るとともに、資格制度の充実や、外部有識者を交えた

教育・研修制度を活用するなどにより、各インフラの管理者の技術力の底上げを図る。また、高度な技術力を有する技術者から成る組織の創設等により、管理者が実施する点検・診断等を踏まえて必要となる専門的な対応を行うなど、国や地方公共団体等の管理者の違いにかかわらず、その機能を発揮させるための新たな制度についても検討する。

〔技術開発・導入を推進するための体制強化〕

技術開発・導入の重要性に鑑み、国等の研究機関の機能を強化するとともに、民間で開発された新技術や新材料等について、その普及が促進されるよう、国は、評価や認証に係る制度の充実や、標準化に向けた取組を推進する。

また、各インフラに共通する課題については、産学官や関係省庁の連携を強化し、社会ニーズ及び技術シーズを踏まえた的確な研究開発を推進する。適切な役割分担の下で、現場と一体となって取組を推進することで、分野を超えた技術の統合、融合、組合せを実現し、効果の向上を図る。

なお、具体的な取組内容等については、行動計画において研究開発、実証、導入などの各段階に対応した新技術の活用推進に係る計画を明記することで、取組を着実に推進する。

〔地方公共団体をはじめとする各インフラの管理者への支援〕

国は、自らが保有する知見やノウハウを必要とする地方公共団体をはじめとする各インフラの管理者に対し、常時相談に応じることができるよう、本省や地方支分部局、研究機関に相談窓口を設置するとともに、資格・研修制度の充実、講習会の実施等により、国が有する技術的知見やノウハウを提供する。

また、高度な技術力を要する施設の修繕・更新など、必要性が認められるものについては、国による代行制度の活用や技術者の派遣、地方公共団体等の先進事例の収集・共有等、国・都道府県・市区町村等の各インフラを管理・所管する者が相互に連携して対策を講じる仕組みを構築する。

② 地方公共団体をはじめとする各インフラの管理者

人口規模や産業構造、地形、気象条件等は地域毎に様々であり、これに呼応し、施設の種類、規模、健全性等も地域によって異なる。各インフラの管理者は、各々の置かれた状況に応じ、自らの判断により維持すべきインフラの機能を適正化し、適切な管理を行うための体制を整えることが重要である。

一方、維持管理・更新業務を担当する技術職員が不在、若しくは不足している団体も存在する等、現状の体制は必ずしも十分とは言えないとの指摘もあり、厳しい財政状況の下、インフラの老朽化が進行しているにも関わらず、維持管理・更新等の必要な対策が講じられない事態も発生する恐れがある。
　このような現状を打開するためには、各インフラの管理者は自らの責務に鑑み、維持管理や更新、統廃合等を含めた取組実態を再確認するとともに、積極的に国の支援制度や民間のノウハウ、新技術等を活用しつつ、インフラの健全性の把握や、必要な対策等を進めることが必要である。
　その取組を進める中で、維持管理や更新、統廃合等における課題を明確化し、組織・人員の維持管理・更新部門への適正な配置について検討するほか、インフラ全体を総合的かつ計画的に管理するための体制を組織全体で構築することが重要である。必要な技術職員がいない場合には、必要とするノウハウのアウトソーシングを図るなどにより、人員・人材の両面から体制を構築することも検討していく必要がある。

③ 維持管理等の担い手

　財政制約の高まりや、関係予算の縮減に伴い、維持管理等の担い手となる地域の建設産業が疲弊している。また、若年入職者の減少もあり、ノウハウや技術の継承に支障が生じ、将来の施工力の低下が懸念されている。このため、各インフラの管理者と一体となって、将来にわたってインフラの維持管理・更新等に取り組んでいけるよう、対策を講じる必要がある。
　一方、地域貢献を目的とする活動に対する市民意識の高揚が見られる。限られた人材・予算で膨大なインフラの維持管理・更新等が求められる状況下、これらの積極的な活用が必要である。

〇民間企業

　点検・診断、修繕、更新等を実行するためには、それらを担う建設産業における人材の確保・育成及びノウハウの蓄積、技術力・技能の向上が不可欠である。加えて、維持管理・更新等に係る業務の採算性の確保に向けた取組が必要である。
　このため、建設企業が維持管理・更新等の担い手となる上で不可欠な入札契約に係る諸制度の改善等を図り、適正な協力関係を構築する。
　また、民間の技術やノウハウ、資金等を活用することにより、インフラの維持管理・更新等の効率化、サービスの質的向上、

財政負担の軽減が図られる事業については、PPP/PFI の積極的な活用を検討することとする。

〔入札契約制度等の改善〕
　維持補修工事は、施設毎に構造形式や劣化・損傷の状況等が異なることから、新設工事と比べて多くの労力を要し、人件費や機材のコストも割高になる場合がある。また、既存の施設の中には、老朽化対策を実施する上で必要となる構造形式等の情報が保存されていない施設も存在しており、このような施設の対策実施に当たっては、目視、非破壊検査等により状態を把握した上で設計を行っているものの、施工段階において設計と現場条件が異なり、手戻りが生じるケースも発生している。
　このため、現場条件に見合った適切かつ計画的な発注や、それらを実現するための入札契約制度の改善を推進する。
　具体的には、工種や施工条件に応じた積算基準の見直しを図るとともに、調査・設計・施工の各段階の連携による発注や、あらかじめ工事材料等について単価を契約で定める単価・数量精算方式の活用、発注者支援のための新たな仕組みの活用など、入札契約制度の見直しを推進する。
　さらに、地方公共団体等が事業の特性に応じてこれらの入札契約方式を適切に選択し運用できるよう、国が支援していく。

〔技術者・技能者の人材確保・育成〕
　インフラを安全に安心して利用し続けるようにするためには、維持管理・更新等の担い手となる建設産業が持続的に発展し、将来にわたって建設企業の施工力や維持・修繕を含めた工事の品質等を確保することが不可欠である。
　このため、企業にとって「ヒト・モノ・カネ」の投資に値する魅力的な環境整備を図るとともに、将来を担う技術者・技能者の確保・育成に向けた取組を推進する。
　具体的には、積算基準や入札契約制度の見直しにより業務の採算性の確保を図るほか、地域や施設毎に求められる技術・技能が異なる状況に鑑み、それらの習得を地域が一体となって後押しする取組や、資格制度の充実等を推進する。
　併せて、技能労働者の処遇改善を図るため、各自が保有する施工力に係る資格や研修履歴、工事経験等の情報を ICT 技術により管理・蓄積・活用する仕組みの構築を始めとした取組についても、関係者とともに検討する。

〇市民団体等

　各インフラを管理・所管する者は、各施設の特性等を踏まえつつ、インフラの維持管理の担い手としての役割を期待されている地域の市民団体等の活用を検討する。

　活用が可能な施設にあっては、情報提供や人材・資機材の活用ルール等を明確化するなどにより、市民団体等による維持管理を推進する。

（7）法令等の整備

　各インフラを管理・所管する者が共通して取り組むべき事項や、必要な制度等については、各インフラを構成する各施設の特性等を踏まえつつ、法令等で定めることにより、その責務を明確化することが重要である。

　このため、国は、基準類の体系的な整備や必要施策の制度化を検討する中で、機会を捉えて必要な法令等を整備するとともに、各インフラを管理・所管する者は、その体系の中で、自らの工夫や判断が求められる内容について、必要な基準、制度等を整備するものとする。

Ⅵ. 国と地方公共団体の役割

　インフラの維持管理・更新等は、一義的に法令等に基づき、各インフラの管理者の責任の下で行われるべきものである。しかしながら、現状では、維持管理・更新等に係る体制の整備や予算の確保を自ら行うことが困難な管理者も存在しており、国等が必要な支援を実施しつつ、インフラに求められる安全や機能を確保し、国民生活や社会経済活動を支えていく必要がある。

　また、技術力の向上やメンテナンス産業の発展に資する取組は、産学界との連携の下、国・地方公共団体等が一体となって推進する必要がある。

〔国の役割〕

　国は、インフラの安全や求められる機能を確保する上で必要な事項を各インフラの法令等において明確化するとともに、それらの確実な実施を図るため、管理の実態等を踏まえつつ、必要な体制や制度等を構築する。自らが管理・所有するインフラについては、他の各インフラの管理者とも連携を図りつつ、効率性にも配慮しながら適切に管理する。

　また、各インフラを管理・所管する者に対しては、本基本計画の考え方等に基づき、過去に整備したインフラの状態、配置、利用状況、さらには人口動態、市町村合併の進展状況、財政状況等を総合的に勘案し、各々の団体が置かれた実情に応じた行動計画及び個別施設計画を策定するよう要請する。さらに、その確実な実行に向け、各インフラの管理者に対し、

維持管理・更新等に係る体制の整備や予算の確保について必要な支援を実施する。
　あわせて、維持管理・更新等を進める中で蓄積したデータやノウハウを、各インフラを管理・所管する者や産学界等と共有し、新技術の開発等のメンテナンスの高度化に向けた取組を進めるとともに、それらの成果を積極的に活用するなどにより、我が国のメンテナンス産業の発展を全面的に支援していく。

〔地方公共団体の役割〕
　地方公共団体は、自らが管理・所有するインフラについて、国が構築した体制や制度等も活用し、国やその他の各インフラの管理者とも連携を図りつつ、効率性にも配慮しながら適切に管理するとともに、出資等を行っている各インフラの管理者に対し、必要に応じて行動計画及び個別施設計画の策定等を要請するなどにより、インフラの安全や必要な機能を確保することが求められる。
　その際、過去に整備したインフラの状態、配置、利用状況、さらには人口動態、市町村合併の進展状況、財政状況等を総合的に勘案し、各々の団体が置かれた実情に応じて、インフラの維持管理・更新等を総合的かつ計画的に行うことが重要である。
　また、データやノウハウの蓄積など、メンテナンスの高度化に向けた国の取組に協力し、国全体としての技術力の向上や、メンテナンス産業の発展に協力していくことも求められる。

Ⅶ. 産学界の役割

　産業界では、これまで、様々な分野において、センサーやデータ解析などの個別の要素技術の開発・活用が進展している一方、それらをインフラの維持管理・更新等に活用する取組は始まったばかりである。
　また、大学や研究機関等においても、これまで、維持管理・更新等に関する取組は個別性が高い課題との認識の下、専門分化が進んできた。その結果、主に施設分野毎、管理者毎に知識と技術が蓄積され、相互の情報共有が十分とは言えない状況にあり、今後、更なる成熟化や体系化が求められている。
　このような現状を踏まえ、今後は、これまで以上に産学官の連携を図り、適切な役割分担の下、取組を進めていく必要がある。

〔「産」の役割〕
　これまで産業界が自らの技術開発等の取組を通じて蓄積した知見やノウハウはもとより、今後、各インフラを管理・所管する者が取組を進める中で蓄積し、共有化を図っていく情報も最大限活用しながら、

インフラの安全性や信頼性の向上、維持管理・更新業務の効率化に資する新技術の開発が進められることが求められる。

さらに、これらの取組によって生み出される我が国の先進的なメンテナンス技術で世界の市場を開拓し、世界の最前線で活躍する人材を育成することが期待される。

〔「学」の役割〕

維持管理・更新等に係る知見やノウハウについて、これまでに蓄積された情報に加え、今後、各インフラを管理・所管する者により蓄積、共有化が図られる情報を含め、体系化が図られることが求められる。

その中で、経年劣化や疲労等が施設に及ぼす影響の評価や、それらを踏まえた対策の検討、さらには対策による効果や耐用年数の評価等、メンテナンス技術の発展や、より計画的で効果的な維持管理・更新等の実現へとつながる研究開発が進むことが期待される。

さらには、これらの取組を通じて、高度な技術力を有する技術者を社会に輩出することが期待される。

VIII. その他

〔フォローアップ〕

本基本計画の実効性を確保するため、国は、各インフラを管理・所管する者の取組状況を把握、公表することとする。その結果に基づき、必要に応じ、追加的な対策を検討する。

インフラ長寿命化基本計画（ロードマップ）

	2013年度	2014年度	2015年度	2016年度	2017〜2019年度	2020年頃	2021〜2029年度	2030年頃

[長寿命化計画（行動計画）の策定]
- 長寿命化計画（行動計画）の策定
- 行動計画に基づき取組を推進
- 取組の進捗状況や情報・知見の蓄積状況等をふまえ、計画を更新

[点検・診断]
- 点検実施の全対象施設に関し点検・診断を実施
- 要領等に基づく定期的な点検・診断を実施
- 老朽化に起因する重要大事故［ゼロ］

[個別施設毎の長寿命化計画策定]
- 未策定の施設の計画策定を推進
- 点検・診断結果や維持・更新状況等をふまえ、計画を更新
- 個別施設の長寿命化計画に基づく修繕・更新の実施

[修繕・更新]
- 点検・診断結果を踏まえた緊急的な修繕・更新への対応
- 個別施設毎の計画に基づく修繕・更新

[情報基盤の整備・活用]
- 電子化フォーマット・ルールの明確化
- 各インフラのデータベースの構築・運用
- 分析・利活用・共有・発信ルールの明確化
- 各電子化情報の統一フォーマット化
- プラットフォームの構築・運用
- プラットフォーム等を通じた情報の公開
- データベース・プラットフォームを活用したデータの蓄積、共有、利活用の推進
- データの蓄積
- 国内の重要インフラ・老朽インフラの全てでセンサー、ロボット等を活用

[新技術の開発・導入]
- ニーズ・シーズの的確な把握
- 新技術の開発・導入体制の見直し
- 各種技術研究開発
- 既存技術も含めた現場での実証
- 随時現場導入
- 蓄積された知見・ノウハウに基づき見直し（評価尺度の統一、新技術の導入等）
- 新材料の実用化に目途
- 国内の重要インフラの20%でセンサー、ロボット等を活用
- 点検・補修のセンサー・ロボット等の世界市場の3割を獲得

[基準類、法令等の整備]
- 個別施設毎の基準・マニュアル等の見直し
- 見直された基準・マニュアル等に基づき運用

インフラ長寿命化基本計画(ロードマップ)

	2013年度	2014年度	2015年度	2016年度	2017～2019年度	2020年頃	2021～2029年度	2030年頃

[国の体制構築]

- 資格・研修制度の充実
  - ・知見、ノウハウの集約
  - ・インフラ管理者向け資格制度の充実
  - ・外部有識者を交えた教育・研修制度の活用 等
- 地公体等への支援体制、制度の充実
  - ・相談窓口の設置、運用
  - ・技術者の派遣
  - ・修繕・更新などの代行制度の構築、運用 等

→ 制度の運用、改善
→ 支援内容・体制の見直し

（国の活用公体等 ⇔ 地公体等表示活用国の）

[地公体の体制構築]

- 取組実態の再確認、体制のあり方検討
  - ・国の支援制度活用
  - ・民間ノウハウの活用
  - ・新技術の活用 等
→ 体制の確保・充実 [・組織・人員を維持管理・更新部門に適正配置 ・アウトソーシング 等]

[維持管理等の担い手との協力関係構築(民間企業)]

- 入札契約制度の改善
  - ・積算基準の見直し
  - ・調査・設計・施工の各段階の連携による発注の活用
  - ・単価・数量精算方式の活用
  - ・発注者支援のための新たな仕組み 等
- 人材確保・育成に向けた制度等の構築
  - ・点検技術者等の資格制度の充実
  - ・技術労務者の確保育成、蓄積する仕組みの検討 等
→ 効果の検証、運用の改善 [・事業特性に応じた入札契約方式の選択を支援 等]
→ 人材確保・育成に向けた取組の実施 [・必要な技能習得を地域が後押しする取組の推進 ・職業訓練施設を活用したOff-JT推進 ・建設従事者の処遇改善 等]

企業にとって「ヒト・モノ・カネ」の投資に値する魅力的な環境整備

[維持管理等の担い手との協力関係構築(市民団体等)]

- 市民団体等の活用
  - ・管理者等からの情報提供
  - ・人材・資機材の活用、ルール等の整備 等
→ 市民団体等による維持管理を推進する取組の実施

[予算管理]

- 維持管理・更新費の将来見通しの想定
→ 予算の平準化、投資の効率化に向けた取組の実施 [・新技術によるコスト縮減 ・長寿命化によるコスト平準化 ・用途変更や集約化による効率的な施設使用 等]

参考資料－3　まちづくりのための公的不動産（PRE）
　　　　　　有効活用ガイドライン《抜粋》

まちづくりのための
公的不動産（PRE）有効活用
ガイドライン

国土交通省都市局都市計画課
平成26年4月

「まちづくりのための公的不動産（ＰＲＥ）有効活用ガイドライン」の公表について

　国土交通省では、「都市のリノベーションのための公的不動産活用検討委員会（ＰＲＥ検討委員会）」を設置し、地方公共団体（以下、「自治体」という。）における公的不動産のまちづくりへの有効活用方策について検討を行ってまいりました。
　この度、ＰＲＥ検討委員会において検討した結果を「まちづくりのための公的不動産（ＰＲＥ）有効活用ガイドライン」として取りまとめましたので公表致します。

都市のリノベーションのための公的不動産活用検討委員会（ＰＲＥ検討委員会）
委員名簿

（委員）
井上　昇	倉敷市企画財政局企画財政部　財産活用課　課長	
橋本　幸治	みずほ信託銀行㈱　不動産コンサルティング部　部長	
小林　憲一	小諸市建設部都市計画課　課長	
齋藤　隆司	日本郵政株式会社　不動産部門　不動産企画部　部付部長	
財間　俊治	三井不動産㈱不動産ソリューションサービス本部　公共法人室室長	
志村　高史	秦野市政策部公共施設再配置推進課　課長補佐	
白石　慎一	北九州市総務企画局行政経営室　施設経営課　係長	
内藤　伸浩	東京大学公共政策大学院　特任教授	
中川　雅之	日本大学経済学部　教授	
○　根本　祐二	東洋大学大学院　経済学研究科　教授	
星　勉	社団法人ＪＣ総研　基礎研究部　主席研究員　プロジェクトマネージャー	
松野　英男	浜松市財務部資産経営課経営企画グループ　主任	

（○：委員長　敬称略、五十音順）

（オブザーバー）
　　総務省　自治財政局
　　国土交通省　土地・建設産業局
　　　　　　　　住宅局
　　　　　　　　都市局

（事務局）
　　国土交通省　都市局　都市計画課
　　㈱日本経済研究所　社会インフラ本部　公共マネジメント部
　　㈱ファインコラボレート研究所
　　㈱価値総合研究所

※表紙の写真は、上から、オガールプラザ、立川まんがぱーく、アオーレ長岡、宮代町、立川市子ども未来センター

目次

1. はじめに --- 1
    1-1 現状と課題
    1-2 ガイドラインの概要

2. 公的不動産活用に向けた検討 ----------------------------------- 9
   ## 第1ステップ　まちづくりの方向性の整理 ------------------------------ 9
    2-1-1 都市の現状把握
      （1）都市の概要の把握
      （2）都市の社会経済状況の把握
    2-1-2 まちづくりの方向性の整理
      （1）まちづくりのマスタープランの作成
   ## 第2ステップ　公的不動産情報の整理・一元化 ----------------------- 15
    2-2-1 ＰＲＥ情報の整理・一元化　①総量把握
      （1）ＰＲＥの保有状況の把握
      （2）将来の維持・更新コストの推計
    2-2-2 ＰＲＥ情報の整理・一元化　②面的把握
      （1）ＰＲＥ配置状況の簡易的な整理
      （2）ＰＲＥ配置状況のＧＩＳマップ等による整理
    2-2-3 ＰＲＥ情報の整理・一元化　③個別把握
      （1）個別ＰＲＥの情報整理
      （2）個別ＰＲＥの現状分析・課題整理
   ## 第3ステップ　公的不動産に関する基本的な考え方の整理 ------------ 29
    2-3 ＰＲＥに関する基本的な考え方の整理
      （1）現状と課題の整理
      （2）ＰＲＥに関する基本的な考え方の整理
      （3）保有量適正化目標の設定
   ## 第4ステップ　公的不動産の具体的なあり方の検討 ------------------ 33
    2-4 ＰＲＥの具体的なあり方の検討
      （1）まちの各拠点に必要な都市機能の整理
      （2）都市機能の配置状況の確認
      （3）各ＰＲＥの活用方策の検討
   ## 第5ステップ　個別事業内容の検討 ----------------------------------- 39
    2-5 個別事業内容の検討
      （1）事業内容の検討
      （2）事業手法の検討
      （3）事業協力者の選定

3．検討にあたっての留意事項------------------------------------45
  3－1　自治体内の体制
  3－2　住民との連携
  3－3　自治体間の連携
  3－4　民間との連携
  3－5　その他

1．はじめに

1-1 現状と課題

1. 現状と課題
  (1) 人口減少と高齢者の増加
    多くの地方都市では、これまで、都市への人口の流入等を背景として住宅や店舗等の郊外立地が進み市街地が拡散してきましたが、急速な人口減少に転じる中で、拡散した居住者の生活を支えるサービスの提供が将来困難になりかねない状況にあります。また、大都市では、郊外部を中心に高齢者が急速に増加することが予測されており、これに伴い医療・介護の需要が急増し、医療・福祉サービスの提供や地域の活力維持が満足にできなくなることが懸念されています。

  (2) 財政の悪化
    地方財政は、少子高齢化や生産年齢人口の減少により税収の減少とともに扶助費等の歳出が増加しています。また、合併市町村においては地方交付税算定における特例措置が終了し歳入減が予想される等、今後、財政状況が益々悪化することが懸念されています。

  (3) 公的不動産※の老朽化と維持更新コストの増加
    耐用年数からインフラ資産の老朽化状況を調査すると、公共施設では約43％が老朽化しており、他のインフラと比較して老朽化が進んでいます。また、将来的には、公共施設等の更新に現在の更新額の約2.6倍が必要になると試算されており、現在の公共施設の維持更新を続けることは非常に厳しくなることが予想されています。
    ※公的不動産：Public Real Estate(PRE)

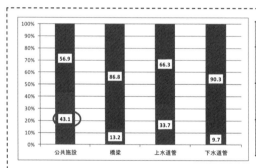

	公共施設	道路	橋梁	上水道管	下水道管	総合計
人口1人あたりの将来の1年あたりの更新費用の見込額（千円／人）	32.91	9.98	1.93	10.74	9.91	63.95
現在の既存更新額に対する将来の1年あたりの更新費用の割合(%)	243.6	194.5	507.3	363.4	283.1	262.6
現在の投資額に対する将来の1年あたりの更新費用の割合(%)	107.3	94.5	268.4	230.0	83.9	113.1

出典：「公共施設及びインフラ資産の将来の更新費用の比較分析に関する調査結果」（平成24年3月（総務省））より作成
※データは調査協力市区町村（111市区町村）によるもの

2. 今後の方向性
（1）まちづくりのあり方

　持続可能な都市を実現し、健康・快適な生活を確保するためには、人口が減少する地方都市においてはコンパクトシティの推進が、高齢者が増加する大都市においては医療・福祉等にアクセスできるまちづくりを推進することが重要です。

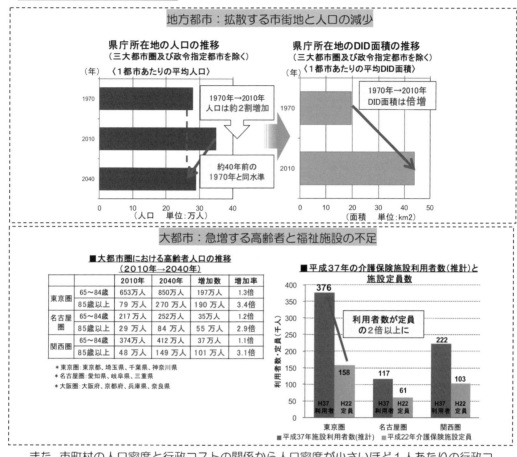

　また、市町村の人口密度と行政コストの関係から人口密度が小さいほど1人あたりの行政コストが大きくなることが分かっており、コンパクトシティの推進が財政面からも重要であることが分かります。

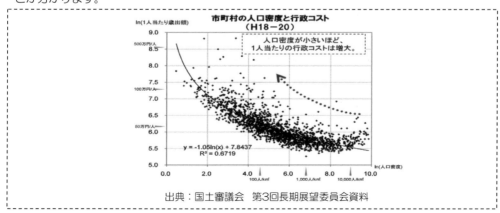

コンパクトシティの推進に当たっては、生活に関連する施設を集約すること、その周辺に居住を誘導すること、更に、これらと連携した公共交通のネットワーク化を推進することが必要です。改正都市再生特別措置法（平成26年8月1日施行）においても、市町村が都市全体を見渡しながら、将来の人口予測や財政状況も踏まえて、都市の将来像を示した「まちづくりのマスタープラン（立地適正化計画）」を作成することができるよう定められたところです。立地適正化計画には、まとまった居住を推進するための「居住誘導区域」や生活サービス機能を計画的に配置するための「都市機能誘導区域」を設定することが可能であり、各区域の設定の際には、都市の中心部のみに集約を図るのではなく、公共交通の現状等を踏まえ、たとえば、合併前旧市町村の地域拠点や生活拠点等にも各区域を設定する等、「多極ネットワーク型のコンパクトシティ」を推進することが望まれます。また、各区域内に公園や広場等を整備する等、各区域の魅力を向上させる取組みも必要です。

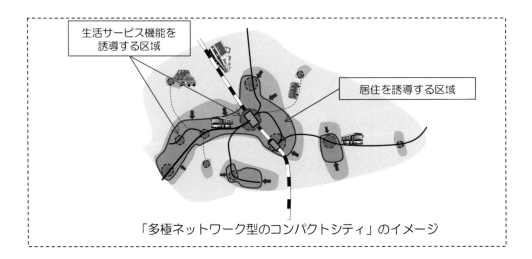

「多極ネットワーク型のコンパクトシティ」のイメージ

（2）コンパクトシティの推進のための公的不動産の有効活用

　　財政状況が厳しい中で公共施設の維持更新コストが増大することを踏まえれば、自治体が現在の公的不動産をそのまま保有し続けることは難しく、その見直しが求められています。一方で、公的不動産が我が国の全不動産に占める割合は約1／4と非常に大きく、コンパクトシティの推進のためには公的不動産を有効に活用することが重要です。まちの将来像を示す立地適正化計画の作成にあたっても、本ガイドラインを活用しまちづくりにおけるPREの活用方針についても記載するよう示されているところです。

　　公的不動産をまちづくりに活用するためには、コンパクトシティの実現等、将来のまちのあり方に沿って、以下のような取組みを進めることが有効です。

・将来のまちのあり方を見据えた公共施設の再配置の推進
・公的不動産を活用した不足する民間機能の誘導

1-2　ガイドラインの概要

1. ガイドライン策定の目的

　先進的な自治体では、全ＰＲＥ情報を一元化・整理してまちの特性に応じた公共機能の再配置計画を作成したり、学校跡地等の公有地をまちに不足している介護施設等の民間機能の整備に活用する等、将来のまちのあり方を考えた取組みを行っています。

　このような先進的な自治体による取組みを他自治体にも広めるため、本ガイドラインでは、ＰＲＥをまちづくりに有効活用するために検討すべき項目を示しています。下記に、本ガイドラインの検討フローとこれまでの自治体の主な取組みとの関係およびまちづくりの観点から特に検討すべき項目として本ガイドラインに記載した事項の概要を示します。

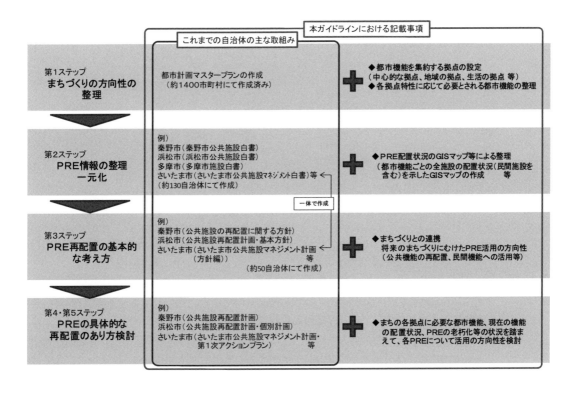

2. ガイドライン活用にあたっての考え方

（1）ガイドラインの概要

本ガイドラインに示す各ステップにおける検討内容を下記に示します。

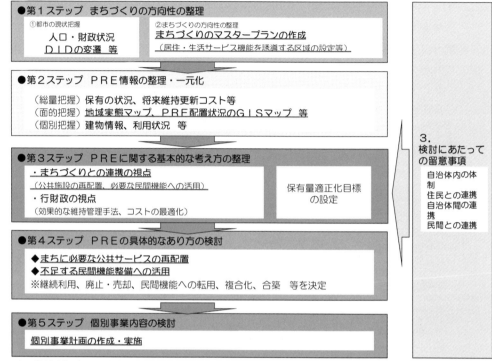

※下線はまちづくりの視点から実施するもの
※まちづくりのマスタープランには第3ステップの内容を記載することも考えられる

（2）想定されるガイドラインの活用方法

・PREを活用した事業計画の作成にあたっては、まちづくりの方向性等を踏まえた検討が必要であり、第1ステップから第5ステップの順に全ての項目について検討することが望まれます。
・本ガイドラインには検討が望まれる項目を幅広く記載しているため、作成主体の実態にあわせて、適宜、検討項目等を取捨選択して活用して下さい。また、既にPREに関する検討を行っている自治体は、ガイドラインの途中から検討を行うことも可能です。

（例）
・これからPREに関する検討を開始する自治体
　→第1ステップから検討
・既に公共施設白書を作成している自治体
　→第1ステップ、第2ステップに記載のある未検討項目について補足検討を行い、第3ステップから検討
・PRE再配置の基本方針等を作成している自治体
　→第1ステップ～第3ステップに記載のある未検討項目について補足検討を行い、第4ステップから検討

・個別のPREについて活用方法を検討する際は、対象とするPREを含むエリアについてのみ検討することも可能です。

(3)「公共施設等総合管理計画」※との関係

「公共施設等総合管理計画」の策定又は見直しにあたり、本ガイドライン第1ステップ（2-1-1（2））、第2ステップ（2-2-1、2-2-3）の検討を行い、第3ステップ（2-3）に基づきＰＲＥに関する基本的な考え方を整理してとりまとめることもできます。

なお、公共施設等総合管理計画は主に財政負担軽減の観点で策定することが求められていますが、本ガイドラインを参考とすることで将来のまちのあり方を考慮した計画の策定が可能となります。

※公共施設等総合管理計画とは、自治体が所有する全ての公共施設等を対象に、地域の実情に応じて総合的かつ計画的に管理する計画。計画に基づく公共施設等の除却について、地方債の特例措置を創設。

http://www.soumu.go.jp/main_content/000270732.pdf （総務省）

(4) その他

・本ガイドラインには、ＰＲＥ情報の整理からまちづくりのマスタープラン作成まで幅広い内容となっているため、庁内各部署（まちづくり部門、企画・管財部門、施設所管部門等）で広く連携し、専門に応じて検討を行って下さい。

2．公的不動産活用に向けた検討

第1ステップ　まちづくりの方向性の整理

2-1-1　都市の現状把握

検討目的
まちづくりの方向性検討にあたり、都市の現状を把握する。

（1）都市の概要の把握
◆検討目的・内容
・検討の基本情報として都市の基礎的事項を整理する。
◆主な整理項目
・位置、面積、地勢、交通インフラ、沿革　等

[使用する資料]
・総合計画
・都市計画マスタープラン　等

▼

（2）都市の社会経済状況の把握
①人口動態
◆検討目的・内容
・今後、必要とされる公共サービスの種類や量が変化すること、地域ごとで必要なサービスが異なること等を示すため、都市の総人口や年齢構成、その推移、地域ごとの人口動態等を整理する。
◆主な整理項目
・総人口の推移、年齢階層別人口、地域別人口　等

[使用する資料]
・国勢調査
・国立社会保障人口問題研究所
　「将来人口推計」　等

◆地域別人口の整理（例：宇都宮市）

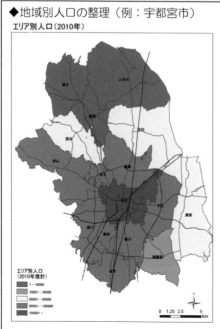
エリア別人口（2010年）

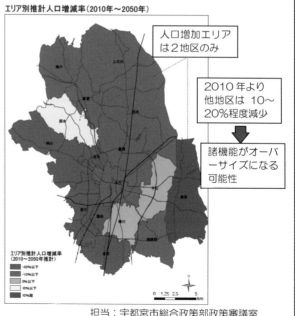
エリア別推計人口増減率（2010年〜2050年）

人口増加エリアは2地区のみ

2010年より他地区は10〜20％程度減少

諸機能がオーバーサイズになる可能性

担当：宇都宮市総合政策部政策審議室

②まちの開発動向
◆検討目的・内容
- これまでのまちの成り立ち等を整理するため、DID地区（人口集中地区）の推移等を整理する。
◆主な整理項目
- DID地区の推移、人口密度の推移　等

[使用する資料]
・国勢調査 DID 地区データ
　（人口、面積、人口密度）
・境界図
・地図データ　等
[情報入手先]
http://www.stat.go.jp/data/chiri/gis/did.htm

◆DID地区の推移（例：松江市）

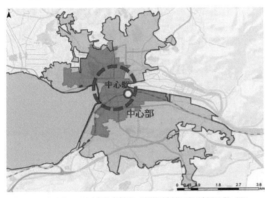

・1960年から2005年にかけてDID地区は約3.8倍に拡大。

約3.8倍
: 1960年（1960年以降で最もDID人口密度の高い年）
: 2005年

③財政状況の整理
◆検討目的・内容
- 今後の生産年齢人口の減少等に伴う財政状況を整理するため、歳入・歳出の推移等を整理する。
◆主な整理項目
- 歳入内訳推移、歳出内訳推移　等

[使用する資料]
・決算統計　等

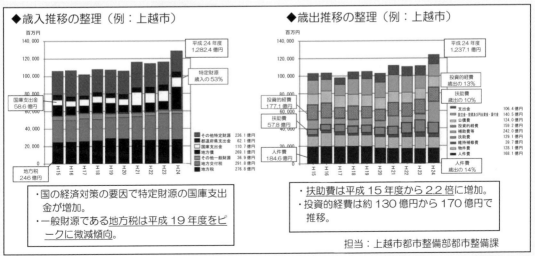

◆歳入推移の整理（例：上越市）

◆歳出推移の整理（例：上越市）

・国の経済対策の要因で特定財源の国庫支出金が増加。
・一般財源である地方税は平成19年度をピークに微減傾向。

・扶助費は平成15年度から2.2倍に増加。
・投資的経費は約130億円から170億円で推移。

担当：上越市都市整備部都市整備課

2-1-2　まちづくりの方向性の整理

> [検討目的]
> ＰＲＥのまちづくりへの有効活用方策の検討にあたり、まちづくりのマスタープラン（立地適正化計画等）を作成する。

（1）基本的な方向性の検討
　◆検討内容
　　・都市全体の構造を見渡しながら、将来の人口減少や高齢者の急増等を踏まえ、まちの将来像を検討し、基本的な方向性を整理する。
　◆主な整理項目
　　・検討対象とする区域
　　・まちが抱える課題（交通、買い物、子育て等）
　　・多極ネットワーク型コンパクトシティ等のまちの将来像

［使用する資料］
・既存計画（総合計画、都市計画マスタープラン　等）
・都市の現状資料
（第1ステップ　2-1-1 にて作成）

等

［留意事項］
・本検討にあたっては<u>自治体の全エリアを対象としてまちづくりの方向性を検討することが望ましい</u>。

▼

（2）居住を誘導する区域の設定
　◆検討内容
　　・将来にわたり生活サービスやコミュニティを持続的に確保するため、一定の人口密度を維持するよう居住を誘導する区域を設定する。
　◆主な整理項目
　　・居住を誘導する区域の設定

［使用する資料］
・既存計画（総合計画、都市計画マスタープラン　等）
・都市の現状資料
（第1ステップ　2-1-1 にて作成）

等

［留意事項］
・都市全体における人口や土地利用、交通の現状および将来の見通しを勘案しつつ設定する。
・一極集中型のコンパクトシティではなく、<u>地域の実情を踏まえた多極ネットワーク型のコンパクトシティを目指すため、地域の歴史や合併の経緯等にも配慮して複数の区域を設定することが望ましい</u>。
・設定にあたっては公聴会を開催するなど、住民の意見を反映させる措置を講ずることが望ましい。

▼

（3）生活サービス機能を誘導する区域の設定

◆検討内容
・医療、福祉、商業、公共施設等の生活サービス機能の効率的な提供を図るため、それらの生活サービス機能を誘導する区域を設定する。

◆主な整理項目
・生活サービス機能を誘導する区域の設定
・各区域に必要とされる生活サービス機能の検討

[使用する資料]
・既存計画（総合計画、都市計画マスタープラン　等）
・都市の現状資料
（第1ステップ　2-1-1にて作成）

　　　　　　　　　　　　等

[留意事項]
・都市機能を誘導する区域は都市全体における人口や土地利用、交通の現状および将来の見通しを勘案し、中心拠点や生活拠点等に設定することが望ましい。
・一極集中型のコンパクトシティではなく、地域の実情を踏まえた多極ネットワーク型のコンパクトシティを目指すため、地域の歴史や合併の経緯等にも配慮して複数の区域を設定することも考えられる。
・設定にあたっては公聴会を開催するなど、住民の意見を反映させる措置を講ずることが望ましい。
・区域の設定にあたっては居住を誘導する区域との関係性について十分に留意して定めることが望ましい。
・生活サービス機能を誘導する区域、居住を誘導する区域の両方を設定することが望ましい。

◆まちづくりのマスタープランにおける区域設定のイメージ

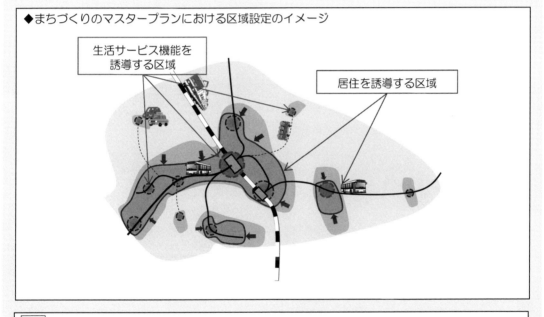

参考
※まちづくりのマスタープランを立地適正化計画と位置づける場合の主な留意事項
・立地適正化区域は都市計画区域内において設定しなければならない。
・市街化調整区域に居住を誘導する区域（居住誘導区域）を設定することはできない。
・生活サービス機能を誘導する区域（都市機能誘導区域）は居住誘導区域外には設定できない。
・都市機能誘導区域、居住誘導区域の両方を設定しなくてはならない。
・作成にあたっては、公聴会等による住民意見の反映、都市計画審議会の意見聴取等が義務づけられている。
※詳細は下記HPに記載しております。
　都市再生特別措置法に基づく立地適正化制度
　HP：http://www.mlit.go.jp/en/toshi/city_plan/compactcity_network.html

◆マスタープラン等のまちづくりの方向性の整理（例：富山市）

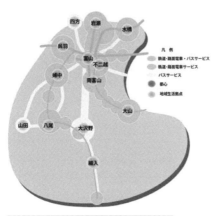

富山市が目指すお団子と串の都市構造
串　：一定水準以上のサービス
　　　レベルの公共交通
お団子：串で結ばれた徒歩圏

出典：富山市都市マスタープラン（平成20年3月）より作成
担当：富山市都市政策課

（居住を推進する区域を設定）

居住を推進する地区

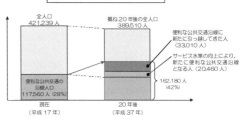

◆マスタープラン等のまちづくりの方向性の整理（例：熊本市）

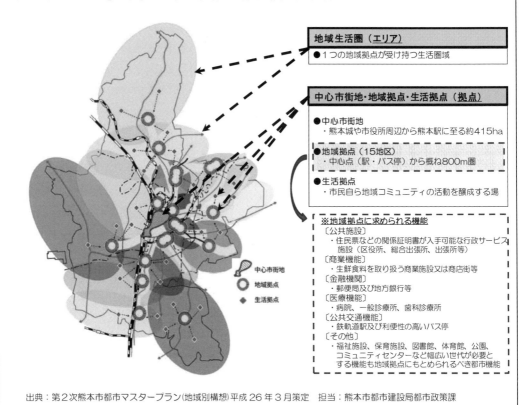

地域生活圏（エリア）
●1つの地域拠点が受け持つ生活圏域

中心市街地・地域拠点・生活拠点（拠点）
●中心市街地
・熊本城や市役所周辺から熊本駅に至る約415ha
●地域拠点（15地区）
・中心点（駅・バス停）から概ね800m圏
●生活拠点
・市民自ら地域コミュニティの活動を醸成する場

※地域拠点に求められる機能
〔公共施設〕
・住民票などの関係証明書が入手可能な行政サービス施設（区役所、総合出張所、出張所等）
〔商業機能〕
・生鮮食料を取り扱う商業施設又は商店街等
〔金融機関〕
・郵便局及び地方銀行等
〔医療機能〕
・病院、一般診療所、歯科診療所
〔公共交通機能〕
・鉄軌道駅及び利便性の高いバス停
〔その他〕
・福祉施設、保育施設、図書館、体育館、公園、コミュニティセンターなど幅広い世代が必要とする機能も地域拠点にもとめられるべき都市機能

出典：第2次熊本市都市マスタープラン（地域別構想）平成26年3月策定　担当：熊本市都市建設局都市政策課

2．公的不動産活用に向けた検討

第2ステップ　公的不動産情報の整理・一元化

2-2-1　ＰＲＥ情報の整理・一元化　①総量把握

[検討目的]
ＰＲＥに関する基本的な考え方の整理に向けて、保有する全ＰＲＥ情報を整理・分析し、その概要を把握する。

（１）ＰＲＥの保有状況の把握

◆検討目的・内容
・ＰＲＥの基本的な情報を一元化・整理し、グラフ化する等、視覚的に分かりやすく整理する。

◆主な整理項目
・土地用途別保有量、建物用途別保有量、築年別保有量、人口１人当たりＰＲＥ保有量　等

[使用する資料]
・公有資産台帳　等

[情報入手先]
・総務省公共施設状況調（延床面積）
http://www.soumu.go.jp/iken/shisetsu/index.html
・総務省住民基本台帳人口（人口）
http://www.soumu.go.jp/menu_news/s-news/01gyosei02_01000023.html
・東洋大学データ（人口１人当たり延床面積）
http://www.toyo.ac.jp/site/pppc/30712.html

[留意事項]
・ＰＲＥの保有量等について他都市やその平均との比較を行う場合は、あくまでも現在のＰＲＥの保有状況の水準感を把握するためであり、平均値が望ましい水準ではないことを念頭において分析する必要がある。

[成果イメージ]

◆土地用途別保有量の整理（例：上越市）

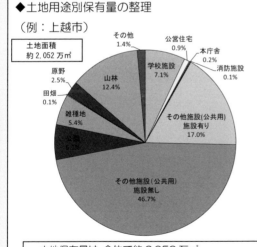

・土地保有量は、全体で約2,052万㎡。
・そのうち公共施設の建つ敷地は、約550万㎡（26.9％）で残りは、道路、山林、貯水池、水路、遊休地等である。

◆建物用途別保有量の整理（例：上越市）

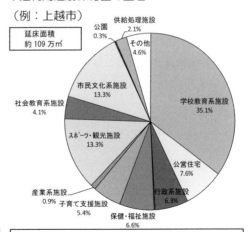

・建物保有量は全体で約109万㎡。
・そのうち学校教育系施設が35.1％、市民文化系施設が13.3％、スポーツ・観光施設が13.3％である。

担当：上越市都市整備部都市整備課

◆築年別保有量の整理（例：上越市）

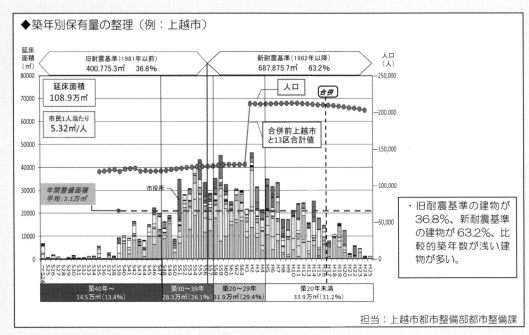

◆人口1人当たりPRE保有量の整理（例：上越市）

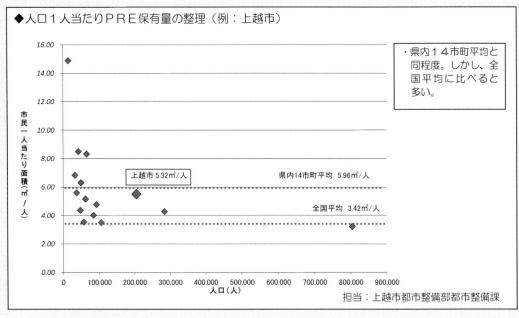

（2）将来の維持・更新コストの推計

◆**検討目的・内容**
・現状の投資的経費と将来の維持・更新コストとを比較分析し、財政的な視点からの保有の制約を把握する。

◆**主な整理項目**
・投資的経費、将来の維持更新コスト　等

[使用する資料]
・公有資産台帳　等
[使用するソフト]
・総務省公共施設の更新費用試算ソフト
・東洋大学社会資本更新投資計算簡略版ソフト　等

[留意事項]
・初期の検討としては、将来の維持更新コストの推計値を過去の投資的経費と比較し、財政的な厳しさを確認することは有効である。しかし、具体的な数値目標の設定等の際には、今後の少子高齢化や人口減少等が財政に与える影響を十分に踏まえる必要がある。さらに合併自治体においては、合併による急激な交付税の減少を緩和するための特例措置が終了すると地方交付税が大幅に減少することも想定されるため、そうした条件を加味して、今後の維持更新コストの推計とその評価を行う必要がある。

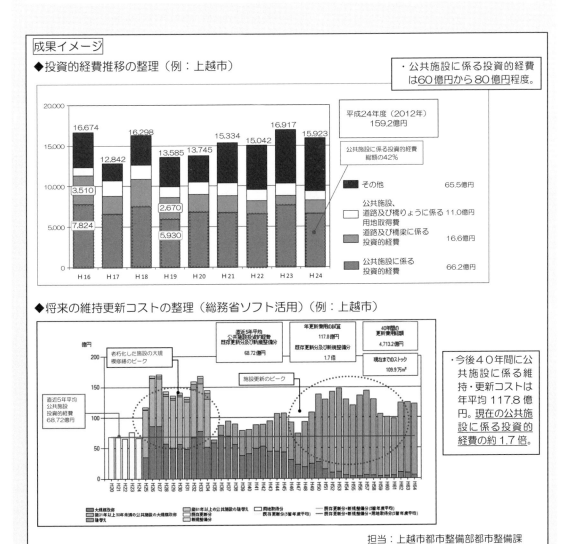

担当：上越市都市整備部都市整備課

◆将来の維持更新コストの整理(東洋大学ソフト活用)(例:宮代町)

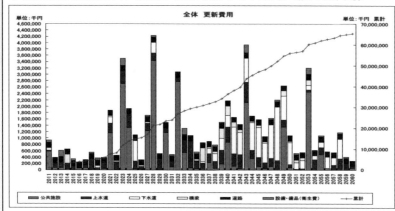

・公共施設(建築物)、インフラの全ての更新費用を合算すると、50年間で652億円の投資が必要。
・人口1人当たり約195万円の負担。

出典:宮代町公共施設・インフラの更新のあり方の研究報告書
担当:宮代町総務政策課

【参考】既存ソフトについて

ソフト名	公共施設の更新費用試算ソフト（総務省）	社会資本更新投資計算簡略版ソフト（東洋大学PPP研究センター）
概要	保有する公共施設に関するデータを入力すると、それを改修・更新するために今後40年間にわたって必要な毎年度の必要投資額をグラフで表示。	保有する社会資本に関するデータを入力すると、それを更新するために今後50年間にわたって毎年度の必要投資額を数字とグラフで表示。
対象	建築物、道路、橋梁、上水道、下水道	建築物、道路、橋梁、上水道、下水道
推計条件	大規模改修30年、建替え60年	改修なし、耐用年数で建替え
入力情報	施設別の整備年、規模、構造等 歳入、歳出、投資的経費	種類別・年別の取得物理量、過去5カ年の更新投資実績
情報入手先	http://management.furusato-ppp.jp/?dest=info	http://www.toyo.ac.jp/site/pppc/30110.html

2-2-2　ＰＲＥ情報の整理・一元化　②面的把握

> **検討概要**
> まちづくりの視点から検討を行うため、保有する全ＰＲＥ情報をマップ等に整理し、その概要を把握する。

（１）ＰＲＥ配置状況の簡易的な整理

◆検討目的・内容
・施設とエリアのマトリックスの表（以下、「地域実態マップ」という）を作成し、地域ごとのＰＲＥ保有量バランスや老朽化の状況等、都市全体でのＰＲＥの配置を整理する。

◆主な整理項目
・施設、名称、延床面積、複合化の状況　等

[使用する資料]
・公有資産台帳　等

[留意事項]
・エリアは生活圏、学校区、合併経緯、まちの特性等を踏まえ、まちづくりを合理的に検討できる単位で設定する
・地域実態マップの横軸に概ねエリアの東西の関係を整理すると、視覚的に分かりやすくなる。また、マスタープラン等で使われている並び順があれば、それに合わせてもよい。

◆エリア設定（例：焼津市）

・焼津市では、マスタープランにおけるエリア分けの考え方に準じて設定。

※大井川地区は更に分割されているが、中学校区を参考に一つのエリアとして設定。

担当：焼津市総務部資産経営課

◆地域実態マップ（例：焼津市）

焼津市 地域実態マップ

分類	種別	焼津地域 (16,392人) 焼津市の中心地	大村地域 (14,755人) 焼津の玄関口	豊田地域 (20,501人) スポーツレクリエーションの拠点と潤いのある住環	小川地域 (13,511人) 港の魅力と防災の拠点
広域対応施設	行政施設	1969年 4,944㎡ 庁舎本館／1971年 1,966㎡ 庁舎別館（解体）／1967年 3,586㎡ 議会庁舎（解体）／1990年 3,864㎡ アトレ庁舎／1984年 655㎡ 消防署東分署／1967年 2,547㎡ 産業会館（解体）	1,312㎡ 道路河川管理事務所	235㎡	1998年 6,554㎡ 消防防災センター
	公営住宅		1,312㎡ 塩津団地／2,128㎡ 八楠団地	235㎡ 改良住宅／2,266㎡ 保福島団地	
	文化施設	1984年 8,806㎡ 焼津文化会館（文化センター）			
	博物館等	307㎡ 深層水ミュージアム／964㎡ 歴史民俗資料館／496㎡ 小泉八雲記念館			
	スポーツ施設	2,398㎡ 焼津体育館・市営相撲場		1978年 11,672㎡ 総合体育館	583㎡ 青峰プール脱衣所等
	レクリエーション施設 観光施設	3,481㎡ アクアスやいづ／1,498㎡ うみえーる焼津／2,491㎡ サンライフ焼津			
	産業振興施設	154㎡ 深層水脱塩施			
	保健福祉施設	260㎡ 色えんぴつ／110㎡ 焼津心愛事業所／2,034㎡ 保健センター	2002年 5,183㎡ 総合福祉会館		
	高齢者福祉施設	75㎡ 陶芸センター	2,401㎡ 慈恵園		
地域対応施設	図書館	1,422㎡ 焼津図書館			
	集会施設 公民館	1,312㎡ 焼津公民館	1,311㎡ 大村公民館	917㎡ 豊田公民館（建替え予定）	959㎡ 小川公民館
	集会施設	476㎡ 四区コミュニティ防災センター／530㎡ 新屋コミュニティ防災センター／532㎡ 三区コミュニティ防災センター／476㎡ 二区コミュニティ防災センター	154㎡ 子供創造の広場／539㎡ 第5コミュニティ防災センター	698㎡ さつき宮島会館／保福島体育館	511㎡ 小川第13コミュニティ防災センター／小川新コミュニティ防災センター
学校施設	中学校	1979年 8,484㎡ 焼津中学校	1992年 6,361㎡ 大村中学校	1977年 7,108㎡ 豊田中学校	1985年 5,709㎡ 小川中学校
	小学校	1974年 6,840㎡ 焼津東小学校／1984年 7,809㎡ 焼津西小学校／1969年 6,746㎡ 焼津南小学校		2008年 10,084㎡ 豊田小学校	1970年 8,007㎡ 小川小学校
子育て関連支援施設	学童保育	188㎡ ゆりかご西クラブ			
	幼稚園		601㎡ さつき幼稚園		
	保育園		1,082㎡ 旭町保育園		1,174㎡ 小川保育園
	医療施設	703㎡ 三ヶ名宮島住宅			
	その他	1,499㎡ 新屋ポンプ場	706㎡ 大覚寺清掃詰所	1,116㎡ 環境管理センター	10,137㎡ 汐入下水処理場
	未利用地（跡地）	1,585㎡ 福祉教育庁舎跡地／744㎡ 本町広場用地			1,070㎡ 庁舎近代替地／416㎡ 県立水産高養魚実習場内用地／376㎡ 鯛ヶ島八幡緑代替地

東益津地域 (10,573人)	大富地域 (22,681人)	和田地域 (8,481人)	港地域 (14,223人)	大井川地域 (23,426人)		
市民の地域学習・観光レクリエーションの場	優良な農地と医療福祉の拠点	宇宙・海・自然との出会いの場	海岸線をはじめとした重要な景観スポット	新たな産業創出と健康増進・自然環境ふれあいの場		
				1984年 4,625㎡ 大井川庁舎	1998年 1,471㎡ 大井川港港湾会館	2004年 1,531㎡ 消防署大井川分署
	2,269㎡ 詰所団地 / 1,139㎡ 中根新田団地	2,541㎡ 成案侍団地 / 1,785㎡ 田尻西団地	2,398㎡ 西松原団地 / 3,030㎡ 富士見団地	6,737㎡ 市営住宅宗高		
				1991年 4,917㎡ 大井川文化会館		
		1996年 2,829㎡ 天文科学館	241㎡ 大井川民族資料保管庫			
		2,242㎡ ディスカバリーパーク焼津 水夢館	713㎡ 大井川陸上競技場管理棟	1,440㎡ 大井川体育館		
			717㎡ 商工業研修センター	234㎡ ワークプラザ	1,853㎡ 大井川港上屋	
			656㎡ くれよん / 3,274㎡ 大井川福祉センター / 722㎡ すいせん / 730㎡ 大井川保健相談センター / 417㎡ 大井川精神障害者地域活動支援センター			
		1,915㎡ 老人福祉センター				
				1,485㎡ 大井川図書館		
1,418㎡ 東益津公民館	1,490㎡ 大富公民館	902㎡ 和田公民館(建替予定)	900㎡ 港公民館	1,158㎡ 大井川公民館		
181㎡ 山の手会館 / 404㎡ 坂本2丁目浜当目コミュニティ防災センター / 610㎡ 大島コミュニティ防災センター	128㎡ 富士見会館 / 619㎡ 大富体育館	135㎡ 鍛冶島公会堂 / 338㎡ 惣右衛門下公会堂	745㎡ 石津コミュニティ防災センター	156㎡ 下工園学習子供供用施設 / 143㎡ 高新田第4地区学習等供用施設 / 136㎡ 上小杉3地区学習等供用施設 / 158㎡ 上泉医学区等供用施設 / 198㎡ 藤守地区集会施設 / 169㎡ 利右衛門地区セニティセンター / 382㎡ 上小杉コミニティセンター / 381㎡ 吉永地区コミニティセンター / 180㎡ 高新田コミニティ防災センター / 380㎡ 高新田東地区コミニティ防災センター / 182㎡ 藤守地区コミニティ防災センター / 364㎡ 利右衛門地区コミュニティ防災センター		
	1979年 6,620㎡ 東益津中学校	1981年 9,143㎡ 大富中学校	1980年 5,550㎡ 和田中学校	1973年 6,929㎡ 港中学校	1986年 10,559㎡ 大井川中学校	
2004年 7,308㎡ 東益津小学校	1979年 6,614㎡ 黒石小学校	1973年 9,193㎡ 大富小学校	1974年 7,612㎡ 和田小学校	1970年 7,946㎡ 港小学校	1999年 7,996㎡ 大井川南小学校 / 1993年 5,653㎡ 大井川東小学校 / 1995年 6,402㎡ 大井川西小学校	
				61㎡ / 526㎡ 放課後児童クラブ	61㎡ 放課後児童クラブ	105㎡ 放課後児童クラブ / 680㎡ 児童センター・子育て支援センター
782㎡ 東益津幼稚園	630㎡ 大富幼稚園	657㎡ 和田幼稚園(解体)	1,714㎡ 石津保育園	802㎡ 大井川西幼稚園 / 684㎡ 市立静浜幼稚園下藤分園 / 764㎡ 大井川南幼稚園	684㎡ 市立静浜幼稚園	2,885㎡ 大井川保育園
	1982年 32,754㎡ 市立総合病院 / 860㎡ 道原宿舎医師宿舎 / 1,250㎡ 祢宜島医師宿舎					
741㎡ 東部排水機場	3,478㎡ 給食センター / 1,100㎡ 中新田配水場 / 3,906㎡ 祢宜島配水場	235㎡ 成案寺排水機場 / 296㎡ すみれ台住宅団地下水処理場		275㎡ ミニステーション	898㎡ 旧大井川南幼稚園跡地	277㎡ 藤守排水機場 / 1,366㎡ 上泉配水場 / 422㎡ 上泉住宅団地下水処理場
226㎡ 坂本1303-1	440㎡ 焼津駅道原線道路沿い宅地 / 301㎡ 公共事業代替地	486㎡ 和田土地改良寄付土地 / 405㎡ 田尻市有地	1,647㎡ 田尻団地跡地 / 222㎡ 田尻北公共事業用地	4,543㎡ 西島舎跡地	3,120㎡ 南児童館跡地	1,927㎡ 志太東幹線残地 / 659㎡ 大井川幹部警察官派出所跡 / 393㎡ 高新田休息空地 / 231㎡ 西島三角地

担当：焼津市総務部資産経営課

（2）ＰＲＥ配置状況のＧＩＳマップ等による整理

[使用する資料]
・公有資産台帳　等

◆検討目的・内容
・ＧＩＳマップ等において都市機能ごとの施設の配置状況（民間施設を含む）と人口分布等を重ね合わせることにより地域間の偏在や地域ごとの公共施設の過不足等を確認する。

◆主な整理項目
・都市機能ごとの施設の配置状況、人口分布　　等

[留意事項]
・今後の統廃合等を含めた公共施設の再配置を考えるにあたり、施設分類が異なっていても提供サービスが同じであれば、同一施設にてサービスを提供することも考えられる。よって、各ＰＲＥを提供しているサービス（＝機能）という視点で捉え直し、機能ごとに対応する施設を整理する。例えば、公民館は生涯学習機能（会議室を用いての教養講座等）、集会機能（会議室を用いての会議、サークル活動等）等の機能を有していると整理する。
・機能によっては、民間施設による代替も考えられるため、民間施設も合わせて整理することが望ましい。例えば、高齢者福祉施設や保育所等の民間施設によるサービス提供が一般的な機能や、プール・体育施設等、今後民間施設の活用が考えられる機能等は民間施設も合わせて整理する。
・配置状況の確認にあたっては、現在の人口分布や将来の人口分布予想等と重ね合わせて整理することが望ましい。特に、高齢者福祉機能や子育て機能等、利用対象者の年齢が限定される施設は、年齢別の人口と重ね合わせてニーズと配置を整理することが望ましい。

[情報入手先]人口メッシュデータ
http://www.e-stat.go.jp/SG1/estat/toukeiChiri.do?method=init

◆主な都市機能と施設の関係の整理（例）

都市機能	施設の種類
行政窓口機能	庁舎、支所、サービスセンター等
集会機能	公民館、コミュニティセンター、児童館、老人福祉センター、勤労青少年センター、保健福祉センター等
学校教育機能	小学校、中学校、高校、大学等
教育文化機能	図書館、美術館、博物館、公民館、老人福祉センター、勤労青少年センター等
スポーツ機能	体育館、プール、運動公園、学校（体育館・プール・武道場）等
子育て支援機能	保育所、幼稚園、こども園、児童館、学童保育施設等
高齢者支援機能	老人福祉センター、老人憩いの家、デイサービスセンター等
医療保健機能	病院、診療所、保健所、保健福祉センター等
居住機能	公営住宅、職員宿舎等
都市環境良化機能	広場、公園等
商業機能	百貨店、スーパー、コンビニ、商店等
金融機能	郵便局、銀行等

◆都市機能別GISマップの整理イメージ（例：宇都宮市）

<集会機能の配置状況>　　　　　　　　　<行政機能の配置状況>

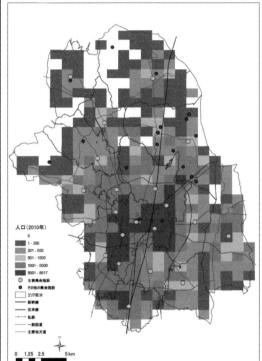 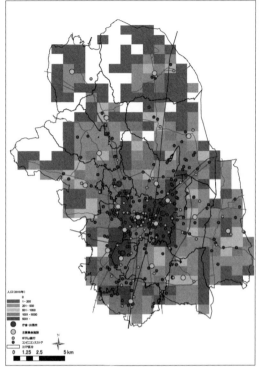

集会機能を有する施設の配置　　　　　　市の行政機能
現状の地域別の人口の分布　｝を把握　　郵便局　　　　　｝の配置を把握
　　　　　　　　　　　　　　　　　　　コンビニエンスストア

今後の人口分布やまちづくりの方向性を踏まえ　　今後の機能の配置、民間施設との連携の可能性等
た機能の配置のあり方等、検討課題がみえる　　　の検討課題がみえる

担当：宇都宮市総合政策部政策審議室

2-2-3 PRE情報の整理・一元化 ③個別把握

> **検討概要**
> 個別のPREの利用状況や建物情報等について現状と課題を把握する。

（1）個別PREの情報整理
　　◆検討目的・内容
　　　・各PREの所管部門に調査票を配布し、得られた情報を一元化整理する。
　　◆主な整理項目
　　　・施設概要、建物状況、利用状況、運営状況、コスト状況　等

[留意事項]
・個々のPREで提供されるサービスは多様なものがあるため、個々の機能（※1）に合わせて費用を整理する必要がある。そのためには、施設運営管理にかかる共通費（※2）を適切に各費用に配賦する必要がある。
　※1　中央図書館の機能例：図書の貸し出し、レファレンス、アーカイブ、サロン、学習スペース等
　※2　建物（共用部）の管理・維持修繕費・償却費・官庁や庶務係等共通人件費等
・コスト状況の把握の際には、PREの維持管理コストや更新コスト等だけではなく、<u>土地（敷地）の機会費用等についても把握することが望ましい</u>。なお、機会費用の算定は「新地方公会計モデルにおける資産評価実務手引き」に基づいて土地の資産評価を行い、それに社会的割引率（4％）を乗じる方法が考えられる。

◆調査票（例）
　・共通　　　　施設分類、所管課、施設名等
　・施設状況　　所在地、開設年、延床面積、敷地面積、所有面積、建物保有状況等
　・建物状況　　建築年、構造、耐震性、機能改善（アスベスト対策・バリアフリー）、環境負荷低減、
　　　　　　　　機能（諸室）構成等
　・利用状況　　年間利用者数、年間利用件数、年間利用コマ数、年間利用可能コマ数、稼働率等
　・運営状況　　運営方法、運営人員、運営日時等
　・コスト状況　収入：使用料、手数料等
　　　　　　　　費用：施設にかかるコスト（光熱水費、修繕費、建物管理委託費、使用料・賃借料等）
　　　　　　　　　　　事業運営にかかるコスト（人件費、その他事業運営費等）
　　　　　　　　　　　減価償却費、土地（敷地）の機会費用

(1)共通							(2)施設状況						
大分類	中分類	小分類	細分類	所管課	略称	施設名	所在地	開設年	延床面積	敷地面積	所有面積	複合施設区分	建物保有状況
市民文化系統	集会施設	公民館	拠点公民館										

▼

(2) 個別ＰＲＥの現状分析・課題整理

◆検討目的・内容
- 各ＰＲＥについて費用対効果等の分析を行い、自治体間比較等により現状を把握する。

◆主な整理項目
- 利用当たりコスト、延床面積当たりコスト、受益者負担率、用途別人口当たり施設数、人口当たり図書館蔵書数、利用者１人当たり費用　等

成果イメージ

◆分析結果（例）

利用１件当たりコスト

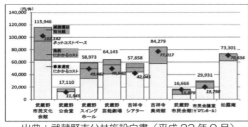

出典：武蔵野市公共施設白書（平成23年9月）
担当：武蔵野市財務部施設課

受益者負担率

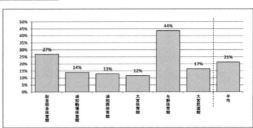

出典：さいたま市公共施設マネジメント計画（白書編）（平成23年度）
担当：さいたま市都市戦略本部行財政改革推進部

他自治体との比較

	図書館数（館）	入館者数（人）	貸出（利用）人数（人）	総貸出冊数（冊）	蔵書冊数（冊）	正規職員数（人）	再任用職員数（人）	臨時職員数（人）	業務委託人数（人）
川越市	4	1,345,049	577,137	1,948,284	812,526	48	1	2	49.1
川口市	6	2,012,243	1,007,908	2,913,169	1,221,400	50	4	32	101.0
所沢市	7	―	544,639	1,639,133	902,746	38	1	56	23.0
越谷市	1	430,901	406,995	1,584,615	569,542	17	5	2	0.0

図書館数から蔵書冊数は2011年度数値。
正規職員数から業務委託人数は2011年度末時点。また、シフト制等によるものは1日単位で按分。

出典：川越市公共施設マネジメント白書（平成25年3月）
担当：川越市政策財政部政策企画課社会資本マネジメント担当

【参考】既存ソフトの活用

◆ＢＩＭＭＳ　（財）建築保全センター
- 土地や建物の基本情報や施設管理情報、保全計画等を一元管理するシステム
- 上記の機能に加え、公会計と連携や、ＧＩＳとの連携、簡易な中長期保全計画の作成等が可能なよう改訂予定（平成26年4月予定）

http://www.bmmc.or.jp/system1/

※システムの基盤インフラ、データベース、アプリケーションは、保全情報センターに集約し、インターネットを介してサービスを提供

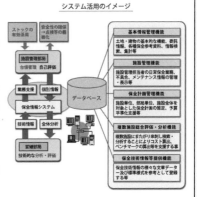

システム活用のイメージ

参考資料-4　更新費用試算ソフトQ&A

分類	番号	質問	回答
インストール・環境	1	本ソフトをダウンロードする場合、費用は発生するか	無料でご利用いただけます。
	2	本ソフトの使用に当たって許可申請など何らかの手続きが生じるか	特に手続きはありませんが、ダウンロードの際にご利用者様の所属等の入力が必要です。
	3	.NetFramework4を別途インストールするため、「dotNetFx40_Full_setup.exe」をダウンロードしたが、インストールの手順は通常どおりでよいか。	お問合せのファイルは、インターネット経由で本体ファイルをダウンロードするタイプのものなので、インストールするPCにインターネットからのインストール制限がある場合は、「スタンドアロンのインストーラー」（dotNetFx40_Full_x86_x64.exe）が必要です。
	4	.NetFramework3が必要な環境での利用を想定しているが、この環境で動作するバージョンはないか。	本ソフトには.NetFramework4を導入可能な環境が必要です。 なお、.NetFramework4は、3と共存が可能ですので、現在の環境に.NetFramework4をインストールすればご利用頂けます。
	5	インストールで、NET Frameworkバージョン4.0のダウンロードをしたところ、以下のコメントがあり中断した。 「特権が不十分なため、このコンピューターのすべてのユーザーが使用できるようにセットアップを完了できません。管理者としてログオンし、セットアップを再度実行してください。」	本ソフトのインストールには、管理者権限のあるユーザーとしてPCにログインしている必要があります。管理者権限でのログインは、システム管理者にご相談下さい。
	6	下記のOS環境での利用は可能か。また、将来対応予定はあるか。 ・windows エンタープライズ版 ・windows7(64bit) ・windows8(32/64bit)	いずれも対象外OSのため、自己責任でのご利用となりますが、普通に動作する場合もあると思われます。 なお、現時点で将来の対応予定はありませんが、今後バージョンアップがある場合には検討してまいります。
	7	現在Office2013(32ビット)を使用しているが、Officeのバージョンに制約はあるか。	帳票出力（本ソフトVer.2.00の追加機能）以外の利用には、Officeは必要ありません。帳票出力機能の使用にはExcel2007(又は2010)がインストールされた環境が必要です。
操作方法（全般・基本設定）	8	本ソフトで「新規作成」から使用する方法	ソフトをアンインストール後、再度インストールします。現在のデータ及び「管理種別」「所管課」「推計条件」などの設定情報を残しておくには、アンインストールを実行する前にバックアップを実施します。 ※データは空で、設定条件のみ変更した状態に戻すには、データを入力する前の時点でバックアップを取っておく必要があります。
	9	基本設定の管理種別には、どの様な種別を入力するか。	特に指定はありません。管理種別は所管課ごとに分担して作成したデータを保存しておく、公表用の確定データの他に、途中段階や対象施設を絞り込んだデータ等、同年度の複数データを保持する用途を想定したものです。適宜自由に設定頂けます。
	10	登録した「管理種別」及びデータの削除方法	「管理種別」は削除できません。適宜「管理種別」の名称を変更するなどで対応願います。 なお、「管理種別」の名称を変更しても、登録済みのデータは変りません。データが不要な場合は各入力画面で個別に消去します。

分類	番号	質問	回答
操作方法（全般・基本設定）	11	「基本設定・推計条件設定/所管課」入力欄のソートキーはどのように利用するか。	ソートキーは半角英数字であれば特に入力規則はありません。登録した所管課が、キーの文字順で並べ替えられ、公共施設一覧で所管課を選択するプルダウンメニューに、この表示順が反映されます。
	12	試算期間の40年を変更することは可能か。	対応していません。
	13	公共施設の大分類・中分類の変更は可能か。	変更できません。
	14	データの受け渡しファイルの作成で、「作成するデータ受渡しファイルを選択してください」とあるが、選択するファイルがどこにあるかわからない。	データ受け渡しファイルを新たに作成（出力）する場合は、保存先のフォルダを参照ボタンで選択してから、新規ファイル名を入力します。既存の受け渡しファイルを更新する場合は、当該ファイルが保存されているフォルダを参照ボタンで指定後、そのファイルを選択します。
	15	本ソフトとは別にエクセル等でデータを作成し、一括して本ソフトに取り込みたいが、入力票に使えるデータのレイアウトはないか。	本ソフトには、エクセルなど本ソフト以外のソフトで作成したデータを取込む機能はありません。 代替機能として、各入力画面に、複数のセル単位、行単位、列単位でエクセルの画面からコピーしたデータを貼り付けることができます。（逆に本ソフトの入力画面からコピーしたデータをエクセルに貼り付けることもできます。） 入力票に使えるレイアウトは、表形式の入力画面であれば、右クリックメニューの「表全体のコピー（タイトルを含む）」を選択し、新規エクセル上に貼り付けることで項目見出しが全て貼り付けられるので、これを利用します。
	16	Excelに書き出したデータを編集して書き戻す方法はあるか。	そのような機能はありませんが、入力画面から貼り付け、貼り戻しができます。
	17	データ受渡しファイルを取り込む際、既存データは上書きされるのか、それとも合算されるのか。	データ受渡しファイルは、公共施設、道路、橋りょう、上水道、下水道、人口といった「データ種類」単位でなら、1つの管理種別に合算できますが、公共施設を行単位で分割した場合などでは、同じ管理種別に取り込むと、後から取込んだデータで既存データが上書きされます。 なお、財政データは1台のPCに1データのみとなりますので、データ受渡しファイルの取込みで財政データを取り込むと、指定した管理種別・調査年度にかかわらず既存データが上書きされます。
	18	担当所管ごとに作業を分担する場合、どのようなやり方が効率的か。	公共施設の分担作業は下記を検討ください。 1.各担当でソフトをインストール・入力、ソフト画面からエクセルに貼り付け 2.上記エクセルを集約、1つのエクセルに行単位で合算 3.上記エクセルからソフト入力画面に一括貼付。 ※エクセル上で、列（項目）や列順を編集しないよう注意 各分担先へのソフトのインストールに制約がある場合は、直接エクセルで作成してもよいが、本ソフトによる入力規則チェックができません。 なお、インフラは道路、橋りょう、上水道、下水道の単位（データ種類）で分割（適宜複数のインフラ種別をまとめても可）し、各データ受渡しファイルを統合する管理種別に取込みます。

分類	番号	質問	回答
操作方法（全般・基本設定）	19	システムのバックアップとデータ受渡ファイルによる移行の差異がわからない。	バックアップは、全管理種別・調査年度の入力データと、登録した管理種別、試算条件の設定などを一括で保存する機能です。受け渡しデータは、指定した管理種別・調査年度のデータを、指定したデータ種類（公共施設、道路等）に限定して保存する機能です。
	20	分担作業をする場合、各自ソフトをダウンロードしてもらうのではなく、あらかじめ基本設定をした状態で作業を行いたいが、どのようにソフトを配布すればよいか。	基本設定の内容は、「バックアップ」で保存、「リストア」で取込できます。ソフトは各自でインストール、バックアップデータを配布してリストアしてもらうか、一度ダウンロードした「インストーラ」、バックアップファイル（フォルダ）を合せて配布するとよいでしょう。
	21	本ソフトに入力したデータを書き出し、別パソコンでデータを修正し、再度本ソフトへ反映させる（取り込む）方法はあるか。	異なるPCにインストールした「本ソフト間」でデータをやり取りできます。 ＜本ソフトからのデータ書き出し方法＞ 　1）トップメニュー/「データの取り扱い・設定」 　2）「データ受け渡しファイルの作成」 　3）参照ボタン→保存先フォルダ・ファイル名指定 　4）公共施設等、書き出す「データ種類」をチェック、「作成」ボタンで実行 ＜本ソフトへのデータ取込み方法＞ 　1）トップメニュー/「データの取り扱い・設定」 　2）「データ受け渡しファイルからの取込」 　3）参照ボタン→取込むファイルを指定 　4）「公共施設」等取込データがチェック済→不要データのチェックをはずし「取込」ボタンで実行 ※書き出したファイルを本ソフト以外のソフトで編集して書き戻すことはサポート対象外になります。
操作方法（旧Excel版からのデータ移行）	22	Excel版からの取り込みで「データ移行」のボタンを押すと「取り込むExcelファイルを選択してください。」というエラーが出る。独自に作成したデータをCSV化して取り込みはできないか。	Excel版からの取り込みとは、本ソフトの旧Excel版のデータを取り込む機能です。独自に作成したCSV等のファイルは取込めません。
	23	Excel版からの公共施設データの移行で、エラーが多すぎて処理が困難。	旧データを本ソフトの施設一覧のフォーマットに合せて整形し、Excelから本ソフト入力画面に貼り付けができます。エラーはデータ更新時に行番号とともに表示されるので、一つづつ解消する方法が考えられます。
	24	旧Excel版の公共施設データを取込んで使う際、所管課が反映されない。「基本設定・推計条件設定/所管課」入力欄にあらかじめ設定する必要があるのか。	事前登録の必要はありません。旧Excel版データ取込みの際に、「Excel版からのデータ移行」画面中ほどにある＜「3-公共施設_記入用」シートの所管課を基本設定の所管課に追加する＞チェックボックスをチェックして下さい。
操作方法（出力関係）	25	グラフ画面にある凡例やテキストボックスを削除する方法	凡例は本ソフトでは非表示にできません。必要な場合は出力したグラフ画像を編集します。 　テキストボックスは、当該画面の右クリックメニュー「ラベルを非表示にする」コマンドで消去できます。
	26	各グラフを出力又はコピー・貼付けした場合、画像形式となるが、「エクセル」のグラフ形式等、容易に編集可能な出力はできないか。	出力できるグラフは「画像」フォーマットのみとなります。

分類	番号	質問	回答
操作方法（出力関係）	27	土地と建物の円グラフで特定の分類のみ表示され、その他の分類が表示されない。	当該グラフの右クリックメニュー「全てのラベルを表示する」または「全てのラベルを初期設定に戻す」で表示できます。
	28	耐震化実施状況の割合を示す円グラフを、枠外上部に移動したところ、画面上部のボタン背面に隠れた状態から元に戻せない。	当該グラフ画面上で右クリックメニュー「円グラフを初期設定に戻す」で復帰します。
	29	公共施設建物面積の内訳の床面積の円グラフで、ラベルが学校しか表示されない。	グラフ画面の右クリックメニューで、「全てのラベルを表示する」を選択します。
	30	グラフ表示「年度別整備延床面積（公共施設）」の右下の「建築年度不明　〇〇㎡」の内容	公共施設一覧で、建築年月日（年度）が入力されていない行の「施設（棟）延べ床面積」の合計を表示しています。
	31	グラフ化した数値の値（内訳）を出力できないか。	公共施設の「年度別整備延床面積」「将来の更新費用の推計」のみエクセルで出力（Ver.2.00より）できますが、その他には対応していません。 なお、画面のグラフ部分にマウスを合わせる事で、当該グラフの数値が表示されます。
	32	耐震化の状況のグラフで旧耐震基準の建物のうち、水色に着色されたものにマウスポインタを合せると「新耐震基準」と表示される。	「耐震化対応実施済み」の施設など、新耐震基準相当の耐震性が確認された建物を示すものとご理解下さい。
	33	公共施設一覧で耐震化対応が「不明」のものがグラフに表示されない。	ソフトの仕様によるもので、当該施設は同グラフの棒グラフには計上されません。（同画面の円グラフには計上されます。）
	34	「将来の更新費用の推計グラフ」は、調査年度と異なる指定した年度から開始する表示（試算）は可能か。	ご指定の表示はできません。ソフト画面上部の調査年度を切替えることで試算開始年度を変更できますが、将来年度は現在の翌年度までになります。）
	35	「投資的経費および内訳」のグラフで、凡例に「投資的経費」（投資的経費内訳の合計）があるのはなぜか。	投資的経費の内訳が不明（未入力）の場合は、合計のみをこの凡例の網掛けで表示します。
入力機能	36	公共施設一覧で、特定のデータ行を削除せずに試算対象から除外したい。	「グラフ対象外」欄に、「1」等の半角文字を入力した行が、全グラフ・試算から除外されます。 なお、複合・併設施設では、代表行のみ除外しても、グラフ・試算からは除外されません。（土地面積の円グラフからは除外されます。）当該施設に所属するデータ行を全て除外して下さい。
	37	公共施設一覧の「通し番号」はどのように入力したらよいか。	システムでは利用していません。必要に応じて適宜自由にご利用下さい。
	38	会計種別の追加はできないか。	会計種別は追加できません。既存の会計種別と別にデータを作成するには、別の管理種別を追加して入力します。その際、会計種別は普通会計などを適宜使用します。

分類	番号	質問	回答
入力機能	39	将来人口推計に「国土社会保障・人口問題研究所」のデータを使用する場合、年度がソフトと一致しない。設定等で変更は可能か。	入力欄及びグラフの表示年度は、ソフト画面上段にある「調査年度」で選択している年度で決まっており、変更できません。 入力（表示）年度を変更するにはソフト上部の「調査年度」を、当該推計の現在年度に合せて切替えます。但し、人口以外のデータとは別の年度にデータを保持することになりますのでご注意下さい。
入力ルール（財政・人口）	40	歳入・歳出、人口・世帯数及び将来人口等に至るまで、すべて入力しないと機能しないか。インフラデータのみの入力でも利用できるか。	財政・人口・公共施設・道路・橋りょう・上水道・下水道でそれぞれ個別にご利用頂けます。
	41	仕様書では「普通財産等で建物がない敷地は記入不要」とあるが、グラウンドのような行政財産で建物がない敷地は記入すべきか。	資産の情報管理の面から、建物の無い土地資産等のデータ管理も必要と思われますが、本ソフトは建物（構造物）及び対象インフラ施設の更新費用算定を主目的として開発されたものであるため、当ソフトで管理するかどうかは利用団体様の運用方針によるものと考えます。 なお、ソフトの仕様上、延床面積「0」のデータは登録できません。
	42	歳出決算額の性質的内訳のグラフが表示されない。これはどこに値を入力すれば表示されるか。	当該グラフは、現在選択している調査年度（最新年度）のデータを表示するため、現在年度のデータが未入力の場合は、過去のデータがあってもグラフは表示されません。
	43	・投資的経費の入力について、既存更新分、新規整備分、用地取得分の場合分けができない場合でも、将来の更新費用推計は可能か。	投資的経費は未入力でも試算は可能です。但し、試算結果のグラフで過去の投資的経費と更新費用との比較ができなくなります。
	44	「公共施設に係る投資的経費の内訳」の入力のために参照できる、決算統計のような既存情報でインフラを除いたデータはないか。	各団体で共通に利用可能と言えるものはないと思われます。普通建設事業費の内訳より、仕訳けが必要と思われます。
	45	公共施設にかかる投資的経費の分類・計上、非計上の目安はあるか。	将来の施設更新に必要な費目を選定します。一時的な事業で、将来定期的に生じないものは除外します。また、試算の対象施設に関する費用に限定します。
入力ルール（公共施設）	46	公共施設一覧で、「棟名」がグレイなっていて入力できない。	棟名は中分類を「学校」とした行のみ入力できます。入力内容は下記の選択肢（プルダウン）からの選択になります。 ・校舎、体育館、プール棟、倉庫、その他
	47	「複合施設」、「併設施設」とは何ですか。	一つの建物を異なる複数の施設で利用しているものを「複合施設」、1つの施設が複数の建物（棟）で構成されているものを「併設施設」としています。 システム上は「施設名」が同じ全ての行を1つの併設施設、「建物名」が同じ全ての行を、1つの複合施設と判断します。
	48	「代表行」とは何ですか。	「代表行」とは、複合施設及び併設施設の、当該施設に所属する全施設（棟）の合計延床面積や最も古い建築年度及び施設全体の敷地面積を表示する行です。 システム上は、敷地面積が入力されている行を「代表行」と判断します。（単独施設の場合は1行がその施設の全てで、代表行を兼ねていると考えられます。） 代表行（単独施設のデータ行を含む）の敷地面積には「0」以外の数値入力が必須です。

分類	番号	質問	回答
入力ルール（公共施設）	49	併設施設及び複合施設で、代表行の「建物総延床面積」と当該施設に所属する各施設（棟）の「施設（棟）延床面積」の合計が一致しないとのエラーが出るが、データの合計面積は合っている。	複合施設では「建物名」、併設施設では「施設名」が同一の行を一つの複合（併設）施設と判定します。よって、同一の施設で建物名又は施設名が一致しているかを確認して下さい。
	50	公共施設一覧の入力で、データがないので敷地面積の入力を省略できないか。	単独施設及び複合・併設施設の「代表行」では、敷地面積に「0」以外の数値を入力しないとエラーになり、保存できません。 なお、公共施設一覧の敷地面積から、土地面積の円グラフが生成されます。
	51	下記のエラーが出てデータ更新ができない。 「複合、併設の場合は、同じ施設名の中で敷地面積はひとつのみ入力してください。」	問合せのエラーは、1つの複合（または併設）施設に複数の敷地面積が入力されている（＝代表行が複数ある）ことを示すものですので、代表行以外の行に入力された敷地面積を消去します。 なお、複合（併設）施設は、連続した行でなくとも建物名（施設名）が同一である行は1つの施設とみなされるので、本来は別の施設であるデータの建物名（施設名）が同じ名称になっているために複合（併設）施設として認識され、このエラーが発生する場合があります。
	52	公共施設一覧の「代表建築年度」を入力しても、データ「更新」をすると空白に戻る。	「代表建築年度」は「建築年月日」から自動計算されますので入力は不要です。「建築年月日」に入力して下さい。「建築年月日」が未入力の場合、「代表建築年度」は空白になります。 複合及び併設施設では、当該施設に所属する全施設（棟）のうち、建築年月日が最も古いものから自動で「代表建築年度」が設定されます。 学校の場合は、所属する全行の中から「棟名」が「校舎」の行で最も古い建築年月日から自動で「代表建築年度」が設定されます。「校舎」の行がない学校の「代表建築年度」は空白になります。 ※なお、「代表建築年度」は試算や他のグラフ類には影響しませんが、「建築年月日」がない行は、試算や年度ごとのグラフに算入されません。
	53	一部の小学校で、学童保育室を校舎内に整備している。校舎の一部が複合施設であるという形で計上したいがどのように計上するのが適切か。	本件は併設かつ複合施設の例になります。この場合は、複合施設として入力して下さい。
	54	配置形態を「複合」にすると、建物ごとの建築面積が入力できなくなるが、建築面積自体、集計への影響はあるか。	建築面積は試算ほかの集計には影響ありません。
	55	「併設」施設の公共施設一覧の入力要領	標準的な入力要領は、1行目を代表行とし、敷地面積を入力します。2行目以降は棟ごとのデータ、「施設（棟）延床面積」に各棟の床面積、代表行の「建物総延床面積」に各棟の床面積合計を記入します。この時、「施設名」は同一にします。

分類	番号	質問	回答
入力ルール（公共施設）	56	同一敷地内に複数の公共施設がある場合の入力はどのようにするか。	同敷地に配置する施設の形態により3種類あります。 ①各建物ごとに異なる施設の場合： 　各施設の配置形態を「単独」とし、それぞれの敷地面積を床面積按分等で分割、全施設の敷地面積合計が当該敷地の面積に一致するよう入力する。 ②単一施設で複数建物の場合： 　各建物データ行の配置形態を「併設」とし、代表行に敷地面積を入力する。（代表行以外の各建物行の敷地面積は空欄とする。） ③単一又は複数建物で一部を異なる分類（施設）で共用する場合： 　各施設データ行の配置形態を「複合」とし、代表行に敷地面積を入力する。（代表行以外の各施設行の敷地面積は空欄とする。）
入力ルール（インフラ）	57	インフラの各データは、どこから収集すると効率的か。	下記の既存調査から入力することを前提としていますが、他により適切な情報があれば、適宜検討下さい。 道路・橋りょう：「道路施設現況調査」（国土交通省） 上水道：「水道統計調査」（厚生労働省） 下水道：「下水道事業に関する調書」（国土交通省）
入力ルール（インフラ）	58	各インフラの入力画面に、入力精度を指定して下さいとあるが、全ての精度に入力が必要か。	いずれか一つでも試算は可能です。
入力ルール（インフラ）	59	インフラのグラフで、入力精度ごとの合計数量が一致しないが、支障ないか。	各精度間は連動していませんので、いずれか採用する精度を選定してご利用下さい。
試算内容（公共施設）	60	文化財を対象としても支障はないか。	更新費用の試算に対象とした施設の大規模改修及び建替えの費用が算入されますので、この条件で支障がなければ問題ありません。 　なお、土地面積や施設一覧には計上し、試算のみ除きたい場合は、施設一覧・保有面積用と、試算用でそれぞれ別の「管理種別」を作成し、異なる対象施設データを作成します。
試算内容（公共施設）	61	民有建物の一部を賃貸している施設などはどのように扱えばよいか。	当該施設の大規模改修や建替えの費用負担がなければ除外します。費用負担がある場合は当該賃貸部分を床面積として計上します。 　公共施設一覧にのみ掲載し、試算や保有面積には含めない場合は、公共施設一覧に記入し、当該施設の「グラフ対象外」欄に「1」を入力します。
試算内容（公共施設）	62	公共施設一覧の「大規模改修年月日（又は年度）」欄に入力した内容は、更新費用推計結果に反映されるか。	現バージョンでは「大規模改修年月日（又は年度）」の内容は、更新費用の試算には反映されません。
試算内容（公共施設）	63	大規模改修単価は、更新単価の約6割となっているが、根拠となる公表資料などはあるか。	設計価格ベースの実績データ等から算出したもので、公開基準や一般化された計算式等はありません。

分類	番号	質問	回答
試算内容（公共施設）	64	大規模改修が積み残しと処理となり、その時期が建て替え時期と同時期になる場合、建て替えと大規模改修は重複計上されるか。	大規模改修の積み残しは、建替えまでの期間が10年以下になる場合は計上されません。
	65	大規模改修の内容には何が含まれるか。	下記の更新を標準として想定しています。 建築： 　屋根防水、外壁補修・防水更新、外部建具等 設備： 　給排水管、ポンプ・水槽類・空調機等の機器類、高圧ケーブル、変圧器、照明等 なお、定常的にかかる小修繕等は除きます。
	66	「建物面積の内訳」、「将来の更新費用の推計」のグラフに表示される保有している建物の総面積と「年度別整備延床面積」、「耐震化の状況」のグラフで表示される建物の総面積が一致しない。	調査年度よりも新しい建築年度の施設が入力されている場合、当該施設は「建物面積の内訳」「将来の更新費用の推計」には計上されますが、年度別のグラフには計上されません。
	67	「将来の更新費用の推計」グラフで、積み残し部分は、どのように計上されるか。	試算時点で更新予定年度を過ぎているものの費用（大規模改修・建替え）を、試算表示開始年度から10年間（初期設定）に、均等割りで計上されます。
	68	大規模改修を積み残しで実施した場合でも、建て替え時期は変更（延長）されないのか。	システム上、建替え時期は建築年度＋更新年数から自動算定され、大規模改修の時期によって変ることはありません。 　なお、更新年数は「基本設定・推計条件設定」から変更できます。
	69	「基本条件・推計条件設定」の初期設定の場合、大規模改修：2年間（建替え：3年）に按分されて計上されるか、それとも更新年度の初年度に一括計上されるのか。	大規模改修：更新年度以降2年に等分（1/2づつ）計上されます。建替え：更新年度以降3年間に等分（1/3づつ）計上されます。
	70	積み残し大規模改修の割り当てる年数10年とは、どのような計算がされるか。	直近（試算期間の1年目以降）10年間に等分（1/10づつ）計上されます。
	71	「基本設定・推計条件設定/公共施設」にある下記項目の意味は何か。 「現時点で積み残している大規模修繕の処理」 「現時点で積み残している建替えの処理」	いずれも、試算時点で既に更新時期を超えている場合、直近の「数年間」のうちに更新を実施するものとして計算されます。この「数年間」は初期値が10年で、変更できます。
	72	公共施設の「基本設定・推計条件設定」において、大規模改修を20年、建替えを60年とした場合、「大規模改修の実施年数は、建替え更新年数/2以上の数字を入力してください」とのエラーが表示され、試算できない。	建替え60年・大規模改修20・40年の2回実施といった条件での試算には対応していません。
試算内容（インフラ）	73	道路や橋りょうの「改良率」は、どのように反映されるか。	ご質問の内容を含む下記入力項目は、グラフや試算には反映されません。（無記入でも試算には影響しません。）年度推移の把握などに適宜ご利用下さい。 ・道路：改良率 ・橋りょう：長寿命化計画、橋りょう改良率 ・上水道：耐震管、普及率 ・下水道：普及率と接続率
	74	「管種別年度別延長による将来の更新費用の推計（下水道）」では、年度不明分の更新費用の計算方法はどうなるか。	年度不明分は、データ入力できる各年度に均等割りで、毎年度敷設されたものとして計算されます。

編著者プロフィール
株式会社 ファインコラボレート研究所
　東京都港区元赤坂1丁目1番15号　ニュートヨビル
　〒107-0051
　TEL 03-5775-3720　FAX 03-5775-3867
　URL：http://www.faine.jp/
　E-mail：faine@faine.jp

実践マニュアル検討メンバー

1. 株式会社 ファインコラボレート研究所
　　　　　　　代表取締役　望月　伸一
2. 株式会社 ファインコラボレート研究所
　　　　　　　保全部門　三島　剛
3. 株式会社 ファインコラボレート研究所
　　　　　保全部門アドバイザー　土屋　邦男
4. 株式会社 ファインコラボレート研究所
　　　公共施設マネジメント部門　土肥　千絵
5. 株式会社 ファインコラボレート研究所
　　　　試算ソフト相談窓口担当　大山　穣一
6. 株式會社 オオバ
　　　　　　　インフラ部門　野中　敏幸

公共施設等更新費用試算ソフトの活用実践マニュアル
──公共施設マネジメント・公共施設等総合管理計画の策定のために

2015年1月5日　初版印刷
2015年1月15日　初版発行

編著者　株式会社 ファインコラボレート研究所(けんきゅうじょ)
発行者　佐久間 重嘉
発行所　学陽書房
　　　　〒102-0072　東京都千代田区飯田橋1-9-3
　　　　営業　TEL）03-3261-1111　　FAX）03-5211-3300
　　　　編集　TEL）03-3261-1112　　FAX）03-5211-3301
　　　　http://www.gakuyo.co.jp/
　　　　振替　00170-4-84240

装幀／佐藤 博
印刷・製本／加藤文明社

Ⓒ 株式会社ファインコラボレート研究所, 2015, Printed in Japan
ISBN 978-4-313-12110-2 C3033
※乱丁・落丁本は、送料小社負担にてお取替え致します。
※定価はカバーに表示してあります。